Wolfgang F. Rothe (Hg.)

Gewollt. Geliebt. Gesegnet.

Wolfgang F. Rothe (Hg.)

Gewollt.
Geliebt.
Gesegnet.

Queer-Sein in der katholischen Kirche

HERDER

FREIBURG · BASEL · WIEN

Satz: Daniel Förster, Belgern
Herstellung: GGP Media GmbH, Pößneck

Printed in Germany

ISBN Print 978-3-451-38398-4
ISBN E-Book EPUB 978-3-451-82691-7
ISBN E-Book PDF 978-3-451-82692-4

INHALT

EINLEITUNG DES HERAUSGEBERS

Lesben, Schwule, Bisexuelle, Transgender und andere queere Personen in der katholischen Kirche? Gibt es nicht! Kann es nicht geben! Darf es nicht geben! Und wenn es sie – um Gottes willen – doch geben sollte, dann haben sie sich gefälligst so zu geben, als gäbe es sie nicht, als gäbe es sie zumindest nicht als die, die sie sind, und nicht so, wie sie sind. So will das zumindest der Vatikan.

Es gibt sie aber: Lesben, Schwule, Bisexuelle, Transgender und andere queere Personen in der katholischen Kirche. Es gibt sie – und zwar um Gottes willen. Es gibt sie, weil Gott es so gewollt, weil Gott sie so gewollt und geschaffen hat. Aber ganz so, wie der Vatikan es will, sind sie als die, die sie nun einmal sind, und so, wie sie nun einmal sind, in der Kirche häufig unsichtbar.

Sie sind da, sie nehmen an Gottesdiensten teil, sie haben kirchliche Ämter inne und üben liturgische Dienste aus, sie spielen Orgel und singen im Kirchenchor, sie engagieren sich in kirchlichen Verbänden und Gremien, sie helfen bei Pfarrfesten, Jugendlagern und Seniorennachmittagen und sie zahlen brav ihre Kirchensteuer. Aber sie sind nur zum Teil da, dürfen nur zum Teil da sein.

Denn ein Teil von ihnen muss außen vor bleiben, muss verschwiegen, verleugnet und verdrängt werden. Für diesen Teil von ihnen ist in der Kirche kein Platz. Dieser Teil ist ihre geschlechtliche Identität und/oder ihre sexuelle Orientierung und damit etwas, das sie überhaupt erst zu der Person macht, die sie jeweils sind, etwas, das unabdingbar zu ihrer Persönlichkeit dazugehört.

Viele von ihnen sind darum mittlerweile nicht mehr da, haben sich von der katholischen Kirche abgewandt, haben ihren Kirchenaustritt erklärt, haben ihren Glauben verloren oder sich einer anderen Glaubensgemeinschaft angeschlossen, die entweder nicht hinterfragt, wer und wie sie sind, oder in der sie als die, die sie sind, und so, wie sie sind, ausdrücklich willkommen geheißen werden.

Andere haben sich in Nischen und geschützte Räume zurückgezogen, die sich ihnen in der Kirche aufgetan haben, die ihnen von der Kirche gnädigerweise zugestanden wurden oder die sie sich selbst geschaffen haben. Solche geschützten Räume haben durchaus ihren Sinn und ihre Berechtigung, bergen in sich aber die Gefahr von Ghettoisierung, Isolation und neuerlicher Unsichtbarkeit.

Wieder andere haben sich wohl oder übel damit abgefunden, als die, die sie sind, und so, wie sie sind, in der Kirche unsichtbar zu bleiben. Sie fühlen sich entweder dazu genötigt oder haben sich dazu entschlossen, ihre geschlechtliche Identität und/oder sexuelle Orientierung für sich zu behalten, und bringen sie, wenn überhaupt, dann allenfalls außerhalb der Kirche zum Ausdruck.

Ganz egal, ob sie sich nun von der Kirche für immer verabschiedet, sich mit den ihnen kirchlicherseits zugestandenen Schlupflöchern abgefunden oder sich dazu entschlossen haben, innerhalb der Kirche verborgen zu bleiben – immer ist ihr Verhältnis zur Kirche von Brüchen, Verwerfungen oder Spannungen geprägt und geht insofern mit Verletzungen, Schmerz und Leid einher.

Dieses Leid ist real – im Gegensatz zu dem, was dieses Leid verursacht. Verursacht wird dieses Leid nämlich durch eine Sexualmoral, die auf Annahmen und Behauptungen basiert, die mit der Realität oft wenig zu tun haben. Die angeblich unverfügbaren Normen des Naturrechts, denen die Kirche beteuert, sich unterwerfen zu müssen, sind nämlich vor allem eines: unnatürlich.

Denn sie basieren nicht auf der unvoreingenommenen Wahrnehmung der Natur und der natürlichen Gegebenheiten, sondern auf Bedingungen und Kriterien, die beidem nachgeordnet sind. In der Folge wird die Natur durch das vermeintliche Naturrecht wie durch eine Brille wahrgenommen, die den Blickwinkel von vornherein verengt, und in ein unnatürliches Korsett gezwängt.

Das beginnt schon mit der geschlechtlichen Identität. Dem Katechismus der katholischen Kirche zufolge ist jeder Mensch entweder Mann oder Frau – und zwar nur Mann oder nur Frau, und das eindeutig und unabänderlich. »Jeder Mensch, ob Mann oder Frau, muss seine Geschlechtlichkeit anerkennen und annehmen«, erklärt der Katechismus der katholischen Kirche barsch (Nr. 2333). Für Menschen, die sich weder (nur) als Mann noch (nur) als Frau definieren, ist in diesem Schema kein Platz. Dasselbe gilt für Menschen, die sich nicht mit dem ihnen nach ihrer Geburt zugewiesenen Geschlecht identifizieren können, und zwar ganz unabhängig davon, auf welchen Gegebenheiten, Annahmen und Entscheidungen diese Zuweisung auch immer beruht haben mag.

Das ist nichts anderes als Realitätsverweigerung. Denn es gibt solche Menschen. Sie sind real. Und ebenso real ist ihre geschlechtliche Identität, die zu definieren niemandem zusteht außer ihnen selbst. Und darum sind diese Menschen genau so, wie sie sind, genau so, wie sie sich definieren, und genau so, wie sie ihrer Natur gemäß leben, von Gott gewollt, geschaffen und geliebt.

Dasselbe gilt für Menschen, deren sexuelle Orientierung nicht dem entspricht, was vom Lehramt der katholischen Kirche zur alleinigen Norm erklärt wurde. Es ist einmal mehr realitätsfern, wenn die »psychische Entstehung« von Homosexualität im Katechismus der katholischen Kirche – im Unterschied zur Heterosexualität – als erklärungsbedürftig dargestellt wird (Nr. 2357).

Nicht minder realitätsfern ist die ebendort aufgestellte Behauptung, in der Heiligen Schrift würde Homosexualität »als schlimme Abirrung bezeichnet«. In den einschlägigen Bibelstellen ist zwar von gleichgeschlechtlichem Sex die Rede, insbesondere von Prostitution und sexuellem Missbrauch, nicht aber von homosexueller Orientierung, homosexueller Liebe und homosexueller Partnerschaft.

Umso realitätsferner ist es, wenn im Katechismus der katholischen Kirche bedenkenlos behauptet wird, dass »die meisten« homosexuellen Menschen ihre sexuelle Orientierung als »eine Prüfung« betrachteten (Nr. 2358). Wenn homosexuelle Menschen, nicht zuletzt auch homosexuelle Katholik*innen, etwas als Prüfung betrachten, dann ist das allenfalls ihre Diskriminierung.

Und darum erscheint es geradezu als Gipfel der Realitätsferne, wenn im Katechismus der katholischen Kirche die Forderung aufgestellt wird, homosexuelle Menschen seien generell »zur Keuschheit gerufen« – und zwar zur Keuschheit im Sinn kompletter sexueller Enthaltsamkeit (Nr. 2359). Einmal mehr wird dadurch die Natur der betreffenden Personen verleugnet und verhöhnt.

Angesichts solch geballter Realitätsferne ist es an der Zeit, queere Menschen in der Kirche und für die Kirche sichtbar zu machen, ihnen eine Stimme zu geben, sie zur Sprache kommen zu lassen. Genau dies – nicht mehr und nicht weniger – ist das Anliegen dieses Buches: Es bietet Einblicke in die Lebensrealität katholischer oder ehemals katholischer Personen mit LGBTIQ*-Hintergrund.

Unmittelbares Vorbild dafür war das Anfang 2021 erschienene Buch *Weil Gott es so will*. Darin hat die Benediktinerin Philippa Rath Beiträge von Frauen gesammelt, die sich zur katholischen Priesterin berufen fühlen, ihre Berufung aber angesichts des lehramtlichen Neins zur Weihe von Frauen nicht, nur ansatzweise oder allenfalls außerhalb der kirchlichen Ordnung leben können.

Selbst Personen, die – wie ich selbst – nicht mehr davon überzeugt werden mussten, dass die Gründe, die vonseiten des kirchlichen Lehramts gegen die Weihe von Frauen angeführt werden, mehr als fadenscheinig sind, wurden durch dieses Buch nachhaltig angerührt und aufgerüttelt. Erkenntnissen gegenüber kann man sich abschotten; Erfahrungen hingegen sickern durch.

Jenseits aller Gründe, die gegen und für die Weihe von Frauen angeführt werden können, hat dieses Buch deutlich gemacht, dass es dabei letztlich nicht um eine abstrakte Frage geht oder gehen sollte, nicht um Traditionen, Lehren und Gebote, sondern um konkrete Menschen und ihr Schicksal, um verkannte Berufungen, vernichtete Hoffnungen und verbaute Lebenswege.

Queeren Personen in der katholischen Kirche geht es nicht anders: Auch ihnen wird kirchlicherseits verwehrt, ihre Berufung zu leben – ihre Berufung zu einem ganz normalen queeren Leben in der katholischen Kirche. Auch sie müssen sich damit abfinden, ihre Berufung entweder nicht leben zu können oder sich verstecken beziehungsweise in irgendwelche Nischen zurückziehen zu müssen.

Das muss anders werden. Anders werden kann es aber nur dann, wenn nicht länger nur über die Betroffenen gesprochen wird, sondern endlich auch mit ihnen. Anders werden kann es nur dann, wenn sich die Betroffenen zu Wort melden, wenn sie ihre Enttäuschungen, Verletzungen und Leiden, aber auch ihre Sehnsüchte, Hoffnungen und Forderungen zur Sprache bringen.

Genau das geschieht in diesem Buch: Queere Menschen, die katholisch sind oder waren, berichten von ihren Empfindungen, Erfahrungen und Erlebnissen. Manchen von ihnen war dies ein Bedürfnis; wie es schien, hatten sie nur darauf gewartet, endlich ihre Geschichten erzählen zu können. Andere hingegen taten sich spürbar schwer damit; sie zögerten, reagierten gar nicht oder sagten ab.

Beide Reaktionen sind nachvollziehbar. Allerdings fiel auf, dass die überwiegende Mehrheit der angefragten Personen zusagte und sich am Ende auch beteiligte, während nur wenige nicht reagierten oder absagten. Dies allein zeigt: Die Zeit dafür ist reif. Die Lebensrealität queerer Menschen in der katholischen Kirche ist kein Randthema; es geht dabei um die Existenzberechtigung der Kirche.

Das Wohl und Wehe von Minderheiten, zumal von diskriminierten und ausgegrenzten Minderheiten, ist schließlich der Maßstab des Christlichen und damit auch der Maßstab des Katholischen. Christus hat keinen Katechismus verfasst und kein kirchliches Gesetzbuch erlassen, sondern »ein Beispiel gegeben« (Joh 13,15) – und zwar ein Beispiel der Wertschätzung, des Respekts und der Liebe.

Als ich mit der Arbeit an diesem Buch begann, wurde mir selbst erst einmal so richtig bewusst, wie viele queere Menschen ich kenne, wie viele queere Menschen in meinem Umfeld leben und arbeiten, wie viele queere Menschen es überhaupt gibt – und zwar auch und gerade queere Katholik*innen. Sie waren es, die ich zuerst gefragt habe, ob sie sich eine Beteiligung vorstellen könnten.

In einem zweiten Schritt habe ich die queeren Katholik*innen, die ich bereits kannte, gefragt, ob sie ihrerseits Bekannte hätten, die für eine Mitarbeit infrage kämen. Und in einem dritten Schritt habe ich mich schließlich an verschiedene Organisationen, Zusammenschlüsse und Gemeinden queerer Katholik*innen gewandt und so den Radius mit der Zeit immer weiter gezogen.

Mit der Zeit hat sich aber auch eine nicht unbeträchtliche Zahl von Menschen bei mir gemeldet, die, auf welche Weise auch immer, von diesem Buchprojekt gehört oder gelesen hatten und nun von sich aus darum baten, sich daran beteiligen zu dürfen. Mehrere von ihnen schickten sogar gleich einen fertigen Beitrag mit. Auch sie und ihre Beiträge waren mir herzlich willkommen.

Das Bild, das dabei entstand, ist ebenso bunt wie komplex. Es gibt nicht »die« Empfindungen, Erfahrungen und Erlebnisse queerer Katholik*innen. Es gibt queere Katholik*innen, die sich mit ihrer Kirche arrangiert haben, es gibt queere Katholik*innen, die mit ihrer Kirche hadern und ringen, und es gibt queere Katholik*innen, die sich von der Kirche entfernt oder mit ihr gebrochen haben.

Und es gibt nicht nur Katholik*innen beziehungsweise ehemalige Katholik*innen, die unmittelbar betroffen sind. Jede*r unmittelbar betroffene Katholik*in ist umgeben von Menschen, die, wenn auch in unterschiedlichem Ausmaß, mittelbar betroffen sind: Eltern, Großeltern, Geschwister, Kinder, Partner*innen, Freund*innen, Kolleg*innen, Seelsorger*innen und viele andere.

Auch sie müssen sich mit der Identität und dem Leben der Betroffenen sowie den diesbezüglichen Traditionen, Lehren und Geboten der katholischen Kirche auseinandersetzen und arrangieren. Auch ihnen fällt dies oft schwer. Aber nicht zuletzt deswegen sind auch sie Teil der Realität, die es wahrzunehmen und zu akzeptieren gilt. Und darum kommen auch sie in diesem Buch zu Wort.

Aufgrund der Herabsetzung, Diskriminierung und Ausgrenzung, die queere Menschen in der katholischen Kirche und durch die katholische Kirche erfahren, war es mir wichtig, allen Personen, die sich an diesem Buchprojekt beteiligen wollten, von vornherein die Möglichkeit zu eröffnen, anonym zu bleiben. Die Gründe dafür mögen vielfältig sein; berechtigt sind sie allemal.

Die Anonymität nimmt den betreffenden Beiträgen nichts von ihrer Aussagekraft und ihrem Wert – im Gegenteil: Auch das Bedürfnis beziehungsweise die (zum Beispiel beruflich veranlasste) Notwendigkeit, anonym zu bleiben, ist Teil der Realität. Denn dadurch wird einmal mehr deutlich, unter welchem Druck diese Menschen stehen und welchen Ängsten sie ausgesetzt sind.

Mein Bemühen, für ein zumindest einigermaßen ausgewogenes Verhältnis zwischen diversen, weiblichen und männlichen Autor*innen zu sorgen, ist weithin erfolglos geblieben. Dass sich weibliche und diverse Personen in der katholischen Kirche noch schwerer tun als männliche, sich offen zu ihrer Identität zu bekennen, scheint ebenfalls Teil der Realität zu sein.

Dasselbe scheint für queere Menschen fortgeschrittenen Alters zu gelten. Dass sich junge Menschen deutlich leichter tun, ihr Queer-Sein zur Sprache zu bringen, dürfte den gesellschaftlichen Entwicklungen der letzten Jahrzehnte zu verdanken sein. Wenn dem so ist, besteht Grund zur Hoffnung, denn die Kirche wird sich gegenüber diesen Entwicklungen nicht komplett abschotten können.

Was die Gliederung des Buchs anbelangt, wurde bewusst nicht zwischen den verschiedenen Perspektiven, aus denen die einzelnen Beiträge heraus geschrieben wurden, unterschieden. Desgleichen wurde, ebenfalls bewusst, auf eine Nummerierung verzichtet. Ausgehend von den Nachnamen der Autor*innen wurden die Beiträge schlichtweg in alphabetischer Reihenfolge geordnet.

Was als reines Buchprojekt begonnen hatte, wurde mit der Zeit immer mehr auch zu einem pastoralen Projekt: Nicht wenigen der Autor*innen war es ein Bedürfnis, mir ihre Geschichte auch persönlich – sei es am Telefon, sei es von Angesicht zu Angesicht – zu erzählen. Dass einige zu diesem Zweck eine weite Reise auf sich nehmen mussten, konnte sie nicht davon abhalten.

Im Zuge dieser Gespräche sind viele Tränen geflossen – Tränen des Leids, aber auch Tränen der Erlösung. Dasselbe dürfte beim Schreiben so manches Beitrags geschehen sein. Ich hoffe, dass dies auch beim Lesen der Beiträge geschieht: dass die Leser*innen das Leid der Betroffenen spüren und sich dementsprechend dafür einsetzen, sie von ihrem Leid, ihrer Angst, ihrem Druck zu erlösen.

Denn eine Sexualmoral, die Druck, Angst und Leid erzeugt, anstatt davor zu schützen, ist keine Moral. Sie mag sich Moral nennen, ist aber zutiefst unmoralisch. Vor allem aber ist sie nicht christlich und insofern auch nicht katholisch. Damit sie wieder christlich und katholisch wird, bedarf sie eines grundlegenden Perspektivwechsels. Eben dazu hoffe ich mit diesem Buch beizutragen.

München, im Herbst 2021
Wolfgang F. Rothe

N. N. (geboren um 1990, Erzieher)

MEIN GLAUBE, MEIN SCHWULSEIN, MEINE ÄNGSTE

Meine Eltern haben mich nach einem Erzengel getauft. Der katholische Glaube ist in meiner Familie sehr präsent. Ich wuchs in einem Dorf mit knapp 350 Seelen im Schwarzwald auf. Fast jeder dort ist katholischer Christ. Von klein auf habe ich mit meiner Mutter regelmäßig am Gottesdienst teilgenommen. Nach meiner Erstkommunion war ich viele Jahre ehrenamtlich in meiner Heimatgemeinde aktiv.

Bereits im Alter von 15 Jahren bemerkte ich, dass ich »anders« bin, dass ich mich emotional und sexuell zu gleichaltrigen Jungen hingezogen fühlte. Für mich begann mit der Erkenntnis, dass ich schwul bin, eine schwere Zeit: War mein Schwulsein vereinbar mit meinem Dasein als gläubiger Christ? Homosexualität wurde in meiner Heimatgemeinde stets als abnorm, krank, sündhaft, böse und als Weg zur Hölle dargestellt. Die meiste Zeit aber sprach man nicht darüber.

Ich hatte Angst, mich gegenüber meiner Familie zu outen. Und so habe ich mein Schwulsein zunächst verheimlicht. Wenn meine Eltern nicht da waren, habe ich mich immer heimlich an den Computer gesetzt, um nachzuschauen, ob sich Schwulsein und Katholischsein irgendwie vereinbaren ließen. Die Antworten, die ich im Internet fand, beruhigten mich nicht, sondern schürten meine Angst eher noch. Natürlich fand ich dort all diese Bibelstellen, in denen Homosexualität angeblich negativ bewertet wird – gepaart mit radikalen Kommentaren.

Infolgedessen habe ich eine so übermächtige Angst entwickelt, dass ich zunächst in tiefe Traurigkeit verfiel, später depressive Gefühle entwickelte und schließlich, kurz vor der Volljährigkeit, ganz knapp vor dem Suizid stand. Dies wirkte sich auf mein gesamtes damaliges Leben aus. Ich schwänzte häufig die Schule, um stattdessen mit Freunden zu feiern. Ich wollte einfach nur vergessen.

Doch mit 20 Jahren beschloss ich, mit mir selbst und meinem Glauben ins Reine zu kommen. Ich machte ein Berufsfindungsjahr und begann zu meditieren. Dadurch erkannte ich plötzlich, dass die Botschaft der Nächstenliebe, die Botschaft, dass kein Mensch das Recht hat, einen anderen zu verurteilen, viel wesentlicher ist als alles andere. Mit 21 Jahren fand ich den Mut, mich gegenüber meiner Familie und meinem Freundeskreis zu outen. Und hatte das Glück, dabei mit offenen Armen empfangen zu werden.

Ich entschied mich dazu, mein Leben der Menschlichkeit zu widmen. Und so habe ich mich zunächst zum Kinderpfleger, dann zum Erzieher ausbilden lassen. Heute bin ich staatlich anerkannter Erzieher und liebe die Arbeit mit den Kindern im Kindergarten. Die Botschaft der Liebe zu Menschen motiviert mich täglich neu für meine Arbeit.

Es gibt allerdings eine große Sorge, die ich mit mir trage. Ich habe gelesen, dass man als Mitarbeiter der katholischen Kirche heutzutage nicht mehr wegen Homosexualität gekündigt werden darf. Etwas anderes ist es allerdings, wenn ich heiraten würde. Dann könnte es nach wie vor Probleme geben.

Aber das Wichtigste ist, dass ich heute weiß, dass ich so von Gott gewollt bin, wie ich bin. Und dass das auch dann gilt, wenn ich eines Tages den Mann des Lebens gefunden haben sollte. Denn was sollte schlecht daran sein, ein Leben lang einem anderen Menschen, egal welchen Geschlechts, Liebe, Treue und Fürsorge zu schenken? Und wenn ich abends im Bett liege und Zweifel in mir aufkommen, dann stelle ich mir Jesus vor, wie er auf meiner Bettkante sitzt, mich mit einem sanften Lächeln ansieht und mir allein durch seinen Blick sagt: »Ich liebe dich – genau so, wie du bist!«

Nico Abrell (geboren 1999; Content Creator
auf YouTube, Autor und Singer-Songwriter)

MEIN BESTER FREUND HAT MICH WEGEN
MEINER HOMOSEXUALITÄT VERSTOSSEN

Ich bin in einem kleinen Dorf im Süden Bayerns aufgewachsen und
wusste eigentlich schon immer, dass ich anders war als die anderen
Einheimischen. Ich konnte nicht wirklich begründen, warum das so
war, aber ich fühlte mich nie wirklich zugehörig.

Ich wuchs in dem Glauben auf, dass ein Mann zu einer Frau gehört und umgekehrt, dass man regelmäßig in die Kirche zu gehen
und Ministrant zu werden hat. Und ich glaubte das tatsächlich. Ich
glaubte, was man mir sagte, und lebte auch so. Ich wurde also Ministrant und redete mir ein, dass ich Anna aus der Parallelklasse ganz
toll fand. Aber hätte ich einen Moment lang auf mein Herz gehört,
hätte ich gewusst, dass ich Anna eben nicht so toll fand wie Tobias.

Alles verlief so, wie ein normales Hetero-Dorfleben eben ver-
läuft – bis ich über YouTube meinen ersten Freund kennenlernte.
Damals realisierte ich zum ersten Mal, dass ich ganz sicher nicht so
war, wie man es in meinem Dorf von mir erwartete.

Mein bester Freund war ebenfalls Ministrant und tiefgläubig. Als
ich ihm erzählte, dass ich schwul sei und mich in einen Jungen verliebt hätte, brach er die Freundschaft kurzerhand ab; seine Begründung dafür: So sei er nicht erzogen worden. Unsere Freundschaft war
sehr eng mit dem Glauben verbunden und so zerbrach mit ihr auch
meine Verbindung zur Kirche. Allerdings bin ich der Meinung, dass
Glaube und Kirche ohnehin zwei verschiedene Paar Schuhe sind.

Die »frohe Botschaft« von meiner sexuellen Orientierung ver-
breitete sich damals wie ein Lauffeuer im Dorf, woraufhin mich
die Leute zwar nicht mit Worten, sehr wohl aber mit Blicken ihre

Verachtung spüren ließen und, wenn ich mich näherte, hinter der nächsten Ecke verschwanden.

Selbst meine Mama reagierte zunächst nicht gerade freudig auf mein Outing. Doch als gefühlt Einzige im gesamten Dorf verstand sie, dass ich mich zu keinem Zeitpunkt verändert hatte. Ich hatte lediglich einen bis dahin verborgenen Teil meines Inneren offenbart und der Außenwelt präsentiert. Dennoch wusste ich, dass ich in meinem Heimatdorf nicht länger willkommen war. Ich zählte die Tage bis zu meinem Schulabschluss und zog dann nach Berlin.

Die Gemeinde an sich war nicht der ausschlaggebende Grund, weshalb ich das Dorfleben hinter mir ließ, denn ich kann behaupten, auf jeden Fall über den verachtenden Blicken gestanden zu haben. Ich wusste jedoch, dass ich dort mit meinen Plänen und Visionen für die Zukunft nicht wirklich hätte glücklich werden können.

Heutzutage habe ich ein eher gespaltenes Verhältnis zum Glauben. Da mein bester Freund für mich den Glauben regelrecht verkörperte, führte der Bruch mit ihm auch zu einem Bruch mit dem Glauben. Das heißt nun nicht, dass ich nicht an Gott und ein Leben nach dem Tod glauben würde. Ich glaube sehr wohl daran, dass es nach dem Tod in irgendeiner Form weitergeht. Allerdings glaube ich nicht an eine Kirche, die Menschen aufgrund ihrer Sexualität verstößt. Mir ist sehr wohl bewusst, dass nicht jede Konfession und erst recht nicht jede Gemeinde homophob ist, aber das Trauma aus meiner Kindheit besteht weiterhin.

N. N. (geboren um 1990, kaufmännischer Angestellter)

ICH VERSTECKTE MICH HINTER DER FASSADE DES KONSERVATIV-KATHOLISCHEN

Es ist Sonntagmorgen. Ich sitze auf der Rückbank eines Toyota Prius, der seine besten Jahre schon hinter sich hat. Begleitet von honigsüßen Marienliedern sind wir auf dem Weg in die nächstgrößere Stadt. Die räumliche Distanz zu dieser Stadt ist dabei eigentlich belanglos. Es ist vielmehr eine zeitliche Distanz, die wir zurücklegen. Wenn ich das Auto wieder verlasse, werde ich über fünfzig Jahre Kirchengeschichte und gesellschaftlicher Entwicklung hinter mir gelassen haben. Ich bin auf dem Weg zur heiligen Messe in der Form, wie sie früher gefeiert wurde.

Und genauso fühle ich mich gerade. Als sei dieser klapprige Toyota Prius eine Zeitmaschine, die mich allwöchentlich zurück in die Fünfzigerjahre des 20. Jahrhunderts katapultiert. In eine Zeit, in der weibliche Messdiener ebenso undenkbar waren wie Geschwisterlichkeit unter den Konfessionen. An einen Ort, an dem Diversität ein Fremdwort ist, an dem alles seine geordneten, traditionell-katholischen Bahnen geht, an dem eigentlich kein Platz ist für Menschen wie mich.

Ich bin in einer katholischen Familie aufgewachsen, wurde Messdiener und wollte später eigentlich Priester werden. Irgendwann bemerkte ich aber, dass ich anders war. Anders als die anderen Jungs in meiner Klasse und ja, auch anders, als es meine Kirche gerne sehen würde. Zu diesem Zeitpunkt spielte die lateinische Messe noch keine Rolle in meinem Leben und ich besuchte regelmäßig den Gottesdienst in meiner örtlichen Pfarrgemeinde.

Vor meinem familiären Hintergrund war mir klar, dass ich mich nicht outen konnte. Also entschloss ich mich, noch katholischer zu werden, als ich es ohnehin schon war. Ich ging noch häufiger in die

Kirche und betete täglich den Rosenkranz. Schließlich kam ich in Kontakt mit konservativen Kreisen und besuchte fortan die »Alte Messe«. Hier fühlte ich mich wohl. Die Würde und die Erhabenheit der Liturgie berührten mich.

Gleichzeitig war dies ein Ort, an dem es homosexuelle Menschen einfach nicht geben konnte, weil es sie nicht geben durfte. Meine Flucht vor mir selbst war perfekt. Dass ich immer mal wieder einen verstohlenen Blick auf die gut aussehenden Söhne irgendwelcher erzkatholischer Eltern warf, geschenkt. Hier konnte ich mich hinter der Fassade des konservativ-katholischen Jugendlichen verstecken und brauchte mir keine Gedanken mehr über mich und meine Sexualität zu machen.

Diese Flucht vor mir selbst ging sogar einige Jahre lang gut. Irgendwann aber war ich mit meinem Latein sprichwörtlich am Ende. Ich verlor den Anschluss an meine konservativ-katholische Wahlgemeinde und damit auch den Anschluss an den christlichen Glauben. Ich geriet ins Schleudern. Ich trat aus der Kirche aus. Was folgte, war eine Odyssee, aber immer noch kein Bekenntnis zu mir selbst, immer noch kein Ja zu meiner eigenen Sexualität.

Es sollte noch einige Jahre dauern, bis ein katholischer Priester mir die Augen öffnete. Er machte mir klar, dass meine Homosexualität kein Mangel ist, nichts, wofür ich mich schämen müsste. Ohne ihn wäre ich heute nicht der, der ich bin. Ich würde mich wahrscheinlich weiter verstecken, vor mir selbst und meinen Ängsten. Manchmal gibt es diese Menschen, die einem der liebe Gott schickt. Dieser Priester war und ist für mich ein solcher Mensch.

Inzwischen bin ich seit einigen Jahren glücklich mit einem Mann verheiratet und engagiere mich in der evangelischen Kirche als Prädikant, also als Prediger. Ich halte Gottesdienste, die so gar nichts mit dem zu tun haben, was ich in meiner Jugend erlebte, und predige von einem Gott, der wenig zu tun hat mit dem Gott, von dem mir in meiner Kindheit und Jugend gepredigt wurde. Ein Gott, der uns Menschen liebt. Egal, wen wir lieben.

Marian Antoni (geboren 1992, Student und
Mitarbeiter eines jugendspirituellen Zentrums)

ERINNERUNGEN – SPRACHLOSIGKEIT – GLAUBENS(T)RÄUME

Ich fühlte mich wie ein Fremder in meinem eigenen Körper. Jede Faser meines Seins schrie bei der Anrede »Frau« auf – erinnerte sie mich doch an den scheinbar unüberwindbaren Zwang, mich zeit meines Lebens einer Zuordnung unterwerfen zu müssen, in der ich mich nie wie zu Hause fühlen würde.

Während unzähliger Tage und Nächte beschäftigte ich mich mit der Frage, welches Leben mir am ehesten entspricht. Mein intensives Suchen und Ringen um den rechten Weg brachten mich zu der zunehmenden Erkenntnis: Es geht um mich als ganzen Menschen; um die Möglichkeit, mich selbst so auszudrücken und mein Leben so zu leben, dass ich in den Spiegel sehen und mich selbst darin erkennen kann.

In Gesprächen mit Freund*innen, Familienmitgliedern und Seelsorger*innen fand ich zunehmend Sprache, Mut und Vertrauen für meine ersten, zaghaften Gehversuche. Dann wuchs mit jedem Tag und jedem neuen Schritt die Sicherheit, dass ich mich für den richtigen Weg entschieden hatte – und mehr zu dem wurde, der ich schon immer war.

Als ein durch die Jugendarbeit mit der Kirche verbundener Mensch und Theologiestudent kam ich nicht umhin, mich während dieses Prozesses mit den Haltungen des kirchlichen Lehramts auseinanderzusetzen. Leider, denn aus meiner Perspektive sind im Umgang mit dem Thema Trans* derzeit Strategien auszumachen, welche für gläubige und kirchenverbundene Trans*-Personen ein enormes Verletzungspotenzial bergen.

Die Form des kirchlichen Umgangs ist eng verflochten mit einer rein binär konstruierten Geschlechteranthropologie, die sich mit ihrer cis-heteronormativen Weltsicht in Bezug auf Trans* schlicht in der radikalen Verwerfung dieser Lebensrealität auswirkt. Im Endeffekt verlaufen entsprechende lehramtliche Äußerungen zum Thema so weit an der tatsächlichen Lebenswelt und den existenziell bedeutsamen Erfahrungen von Trans*-Personen vorbei, dass sie bestenfalls ohne Relevanz für die Betreffenden bleiben. Im schlechteren Falle initiieren ablehnende Aussagen für die Angesprochenen schmerzliche Erfahrungen, wenn sie um die Integration des eigenen Lebensweges in den Raum des Glaubens ringen.

Auf Grundlage meiner eigenen Biografie ist es für mich selbstverständlich, dass gemeinschaftliches kirchliches Engagement, gelebter Glaube, die Freude an der Theologie und ebenso mein Trans*-Hintergrund integrale Teile meines Lebens bilden. Trotz zutiefst verletzender Erfahrungen und Erschütterungen meines Kirchenbildes bin ich noch der Überzeugung: Die Institution kann von denen lernen, welche in direkten Kontakten und Begegnungen bereits einen selbstverständlichen Umgang mit Trans*-Personen und deren eigenen Glaubens- und Lebensfragen pflegen.

Eine befreiende Distanzierung und (selbst-)kritische Reflexion von überkommenen anthropologischen Grundannahmen entspricht nicht nur den Forderungen seitens der akademischen Theologie. Mit Blick auf die globalen Schicksale von Trans*-Personen steht Kirche unausweichlich in der Verantwortung, den Ängsten, Phobien sowie der Pathologisierung und Diskriminierung keinerlei Platz einzuräumen, die sich am Ende in Gewalt, Verfolgung und Ermordung dieser Menschen entladen.

Die tradierten biblischen Erzählungen und die Tradition(en) des Christentums tragen einen Reichtum an ambiguen Bildern und vielfältigen Lebensentwürfen in sich. Sie sind Zeugnis des Transformationspotenzials gottsuchender und glaubender Menschen. Aus meiner Perspektive legt sich daher nahe: Glaubensräume stehen allen Menschen zur Verfügung – auch und besonders jenen, die sich in Prozessen der Veränderung und des Werdens befinden oder die ganz konkret vor lebensverändernden Entscheidungen einer Transition stehen.

Charlotte Baron (geboren 2002,
Freiwilligendienstleistende)

GOTT HAT MICH SO GESCHAFFEN, WIE ICH BIN – DIESE BOTSCHAFT TRÄGT MICH

Ich bin als Kind in einem konfessionell gemischten Haushalt aufgewachsen und habe den Glauben an Gott und die Verbundenheit mit der Kirche vor allem durch meine katholische Mutter vorgelebt bekommen. Zwar habe ich mich von meiner eigenen Gemeinde im Alter von 8–12 Jahren aufgrund mangelnder Jugendarbeit allmählich entfernt. Aber etwa zur gleichen Zeit habe ich durch die Jugendarbeit der Jesuiten an meiner Schule eine komplett neue Art von kirchlicher Heimat gefunden. Dort durften wir zum Beispiel Gottesdienste mitgestalten und gelegentlich sogar unter freiem Himmel feiern.

Im Verlauf meiner Teenagerjahre habe ich mich nach langen Phasen des Hinterfragens bei meinen engsten Freunden und meiner Kernfamilie als bisexuell geoutet. Die Reaktionen waren vor allem positiv oder wenigstens neutral.

In kirchlichen Kontexten und im Umgang mit Amtsträgern der Kirche allerdings fühlte ich mich aufgrund meiner Sexualität zunehmend unwohl. Auch die offizielle Sexualmoral und das öffentliche Auftreten der katholischen Kirche verstärkten dieses Gefühl. Obwohl sich die wenigsten Menschen, mit denen ich persönlich zu tun hatte, zu LGBTIQ*-Themen, zur Stellung von Frauen in der Kirche oder zur kirchlichen Sexualmoral äußerten, konnte ich mir ihrer Haltung dazu nicht sicher sein. Ich wusste nicht, ob unter ihnen nicht auch Menschen waren, die nicht nur eine andere Meinung hätten als ich – was ja an sich nichts Falsches wäre –, sondern mir auch meine eigene Sexualität oder die Liebe Gottes absprechen würden.

Deshalb waren und sind kirchliche Orte, an denen über diese Themen nicht offen geredet wird, für mich unsicher. Ein echter *»Safe Space«*, also ein Ort, wo Ruhe, Nächstenliebe und Gemeinschaft zu finden sind, kann Kirche für mich nur sein, wenn sie gegen menschenfeindliche und exkludierende Ansichten Stellung bezieht.

Mein Glaube hat sich durch dieses mangelnde Sicherheitsgefühl in kirchlichen Kontexten weitestgehend von der Institution Kirche entkoppelt. Obwohl ich froh bin, dass mir mein Glaube geblieben ist, wünsche ich mir doch, mich irgendwann wieder in einer Kirche wie zu Hause zu fühlen. Denn ich bin davon überzeugt, dass der eigene Glaube an Gott stärker und krisenfester werden kann, wenn man ihn gemeinsam mit anderen Menschen lebt.

Und ich habe Hoffnung: Mir sind so viele Menschen in der Kirche begegnet, die mit Konventionen brechen und Menschen bedingungslos willkommen heißen! Darum glaube ich fest, dass die katholische Kirche diese Gemeinschaft sein kann. Ich erinnere mich an eine Osterpredigt meines ehemaligen Schulleiters über den Satz aus der Schöpfungserzählung: »Gott sah, dass es gut war« (Gen 1,25). Dazu sagte er: »Gott hat dich geschaffen; er schaut dich an und er sieht, dass es gut ist, so wie du bist.« Diese Botschaft trägt mich.

Jan Baumann (geboren 1991, Krankenpfleger)

ICH BIN SCHWUL UND KATHOLISCH – NA UND?

Als Kind war für mich der Besuch der heiligen Messe das Highlight der Woche. Oft genug war ich die treibende Motivationsquelle für meine ganze Familie, um zur Sonntagsmesse zu gehen. Ich komme aus einem 300-Seelen-Dorf im Westerwald. Traditionen wie Dorf- und Pfarrfeste, Kirmes, Vereinsleben und so weiter werden bis heute aufrechterhalten, wenngleich man auch dort einen Rückgang erlebt.

Nach meiner ersten heiligen Kommunion wurde ich endlich Ministrant. Bereits im Kindergarten war mir klar: Ich möchte Priester werden! Nicht wenige Menschen aus meinem Umfeld klärten mich über die starken Einschränkungen auf, die dieser Beruf mit sich bringen würde. Doch solange ich noch ein Kind war, spielten diese Bedingungen für mich noch keine Rolle.

Den Ministrantendienst beendete ich im Alter von 17 Jahren, weil ich vom Altar auf die Orgelbank wechselte. Bis heute bin ich nebenberuflicher Kirchenmusiker.

In der Zeit meiner Pubertät verlief der Wunsch, Priester zu werden, allmählich im Sand, hauptsächlich wegen des Zölibats. Dass ich schwul bin, gestand ich mir damals noch nicht ein. Über Homosexualität wurde weder im Schulunterricht noch im Gottesdienst und auch nicht in meiner Familie ernsthaft gesprochen. »Schwul« war ausschließlich eine Beleidigung auf dem Schulhof. Auch ich wurde dadurch häufiger beleidigt. Und wer möchte schon zur lebenden Beleidigung werden?

Doch je älter ich wurde, desto stärker wurde meine sexuelle Orientierung in mir. Mit ungefähr 21 Jahren entschied ich mich dazu, meine Homosexualität endgültig zu akzeptieren – entgegen den dörflichen Gepflogenheiten und entgegen der kirchlichen Lehrmeinung.

Ich outete mich zunächst gegenüber meiner Schwester und meiner Mutter, die es beide gut aufnahmen. Anschließend kam eine lange Zeit der Reflexion und der ersten wirklichen und schmerzlichen Auseinandersetzung mit der kirchlichen Lehrmeinung zum Thema Homosexualität.

Nach meiner Teilnahme am Weltjugendtag in Rio de Janeiro 2013 gab es eine Phase, in der ich glaubte, doch noch vor meiner Homosexualität weglaufen zu können. Ich kramte meinen alten Berufswunsch hervor: Priester. Mein Glaube war mir so wichtig, dass es ein befreiender Gedanke war, mich in diesen Beruf flüchten zu können. Mit trügerischer Begeisterung erzählte ich einem Priester, mit dem ich bis heute befreundet bin, von meinem nicht ganz neuen Berufswunsch, denn die Berufung spürte ich ja bereits seit meiner Kindheit. Der Priester sprach mit mir sehr offen und respektvoll über die verschiedenen Formen von Sexualität und über den Zölibat. Nach unserem intensiven Gespräch wuchs in mir die Hoffnung, dass ich unabhängig von meiner Sexualität zur Kirche gehören und Kirche mitgestalten kann, ohne mich jedoch als Priester in den Zölibat zu flüchten.

In einem weiteren Gespräch outete ich mich bei jenem Priester. Auch er fasste es gut auf. Daraufhin begann eine Phase der Annahme meiner Homosexualität. Heute lebe ich zusammen mit meinem Partner in Münster in Westfalen, wo ich das Glück habe, das Gemeindeleben der hiesigen Queergemeinde mitgestalten zu können. Dabei handelt es sich um eine Untergruppe der Pfarrei St. Joseph Münster-Süd, die beides in Einklang bringt: Das Queer-Sein und das Christ-Sein, in meinem Fall also schwul und katholisch zu sein.

Mit meinem Engagement in der Queergemeinde möchte ich jungen Menschen, die sich in einer ähnlichen Situation befinden wie ich zur damaligen Zeit, die Phase der inneren Auseinandersetzung verkürzen, wenn nicht sogar ersparen. Ich möchte ihnen zeigen, dass sich Queer-Sein und Christ-Sein nicht ausschließen. Und ich möchte Brücken bauen zu den Menschen, die aufgrund der offiziellen kirchlichen Haltung gegenüber queeren Menschen dabei sind zu resignieren.

Dr. Arturo Blázquez Navarro (geboren 1989,
Datenwissenschaftler)

WIE ICH ALS SCHWULER
NATURWISSENSCHAFTLER
GOTT BEGEGNET BIN

Ich bin schwul, ich bin Naturwissenschaftler, ich bin katholisch –
und ich studiere sogar katholische Theologie. »Wieso bist du katholisch? Du bist doch Naturwissenschaftler – und du bist schwul?!«,
diese Fragen gehören zu meinem Alltag. Mehr noch: Diese Fragen
sind ein konstitutiver Teil meiner Gotteserfahrung. Meine Auseinandersetzung mit der Theologie ist mein Versuch, mich selbst und
mein eigenes Leben zu verstehen.

Seit meiner frühen Jugend habe ich mich statt für Mädchen
für Jungs interessiert. Meine Homosexualität konnte ich mir aber
erst mit sechzehn Jahren eingestehen. Den Widerspruch zur kirchlichen Lehre habe ich mit dem fast klischeehaften Zitat aus dem
1. Johannesbrief gelöst: »Gott ist Liebe« (1 Joh 4,16)! Wenn aber
Gott die Liebe ist, dann muss Liebe in Ordnung sein. Damals war
mein Glaube aber rein konventionell. Ich hatte immer nur versucht,
das zu erfüllen, was man von einem braven Jungen erwartete.

Die Studienzeit war meine Aufbruchszeit. Damals hatte ich meine
erste Liebeserfahrung. Ich war so erfüllt von Glück, dass ich es kaum
begreifen konnte. Dabei wurde mir bewusst, dass dieses Glück genau
das war, was ich immer vom Glauben erwartet, aber nie erlebt hatte.
Ich zog die Konsequenzen daraus und wurde Atheist.

2015 kam der Wendepunkt. Ich lebte damals schon in Berlin
und war mitten in den Vorbereitungen für meine Hochzeit. Es war
Karfreitag. Schon seit Wochen hatte ich ein tiefes Verlangen danach

verspürt, in die Kirche zu gehen: »Da fühle ich mich geborgen.«
Mir selbst als gutem Naturwissenschaftler versuchte ich dieses Phä-
nomen rein psychologisch zu erklären. In der Kirche, während der
Kreuzverehrung innerhalb der Karfreitagsliturgie, erfasste mich ganz
unerwartet, plötzlich, blitzartig ein Gefühl: In der Stille der Kreuzverehrung begegnete ich zum ersten Mal Gott.

Diese Urerfahrung hat mich seitdem begleitet. Ich brauchte für
die Existenz Gottes keine Beweise mehr, weil ich ihm in meinem
Leben begegnet bin. Meine Biografie ist mir zu einer Art Gottesem-
pirik geworden. Das heißt, dass es in meinem Innersten einen win-
zigen Bereich gibt, der von der Überzeugung getragen wird, Gott
begegnet zu sein. Und immer, wenn ich Leere, Angst oder Verzweiflung empfinde, kann ich darauf zurückgreifen.

Infolgedessen war es mir ein Bedürfnis, Gott gegenüber meine
Dankbarkeit auszudrücken. Denn ich hatte viele Gründe dafür,
dankbar zu sein: für meine religiöse Erfahrung, aber auch für mein
Leben, meine Arbeit und meine Ehe. Gleichzeitig geriet ich dadurch
aber unter Rechtfertigungsdruck: Ich musste meine Ehe und Lebensweise im innerkirchlichen Bereich begründen. Meine Antwort
darauf bestand darin, Theologie zu studieren. Das tue ich aber lediglich als Hobby, denn ich weiß, dass ich als verheirateter schwuler
Katholik nie die Chance haben werde, hauptamtlich für die Kirche
zu arbeiten.

Mein Anspruch an mich selbst ist viel bescheidener: Ich will in
meinem Alltag anderen Menschen von Gott erzählen, ich will in
der Kirche offen für mehr Menschlichkeit eintreten. Wenn ich es
am Ende meines Lebens geschafft haben sollte, dass auch nur ein
einzelner Mensch auf diese Weise zu einem senfkorngroßen Glauben
gekommen ist, dann wird es sich gelohnt haben.

N. N. (geboren um 1985, Digital Humanist)

WIE DIE KIRCHE MEINER FRAU
DAS LEBEN SCHWER MACHT

Als nicht gläubige Person hatte ich mit der katholischen Kirche persönlich früher kaum Kontakt. Ich kannte vor allem ihre offizielle Haltung, mit Werten und Positionen, die meinen eigenen stark entgegenstehen. Die katholische Kirche war für mich gleichbedeutend mit Homophobie, Misogynie und einer rückwärtsgewandten, toxischen Sexualmoral. In meinen Augen war Kirche ein beklemmender, auf Angst und Bestrafung aufbauender Ort, an dem zwar Nächstenliebe gepredigt, aber anders lebende und denkende Menschen systematisch verurteilt, ausgegrenzt und mitunter aktiv angegriffen werden.

Erst als ich vor vier Jahren mit meiner katholischen Partnerin zusammenkam, wurde mir ein etwas positiveres Bild vermittelt. Ich lernte auf einmal viele Menschen kennen, die sich aus religiösen Gründen etwa für Umweltschutz, Geflüchtete und fairen Handel einsetzten und die viel weltoffener, toleranter, inklusiver und menschenfreundlicher waren, als ich es je erwartet hätte.

Besonders zeigte sich diese unerwartete Offenheit bei ihren ganz persönlichen Einstellungen zu den Themen Liebe und Sexualität, insbesondere zu Homosexualität, Sex vor der Ehe und Zölibat, aber auch zu (Gender-)Identität und der Rolle von Frauen und Männern in Kirche und Gesellschaft. Ich begann, mein Bild von der Kirche zu revidieren und die individuellen Menschen zu sehen – abgekoppelt von der Institution.

Aber zunehmend beobachtete ich, dass die Menschen, die mir dieses scheinbar moderne Bild der katholischen Kirche vermittelten, sich mit ihren Taten und Einstellungen eigentlich immer entweder vorsichtig relativierend oder sogar sehr explizit und bewusst gegen die offizielle Position der Kirche stellten. Es waren also Menschen, die eigentlich gar nicht als »gute« oder »richtige« Katholik*innen gelten dürften.

Gleichzeitig musste ich miterleben, wie Menschen, die sich auf die konservative, offizielle Sexualmoral der Kirche beriefen, meine Partnerin als Sünderin bezeichneten und von ihr verlangten, ihre Identität zu leugnen. Ich sah, wie sehr sie darunter litt – und dass sie in der Kirche, in der sie sich früher so wohlgefühlt hatte, aufgrund ihrer Beziehung zu mir plötzlich nicht mehr willkommen zu sein schien.

Auch das Verhältnis meiner Partnerin zu ihrer streng katholischen Familie, zu der sie bis dahin ein normales, liebevolles Verhältnis hatte, war plötzlich schwer belastet. Zeitweilig sah es so aus, als würde sie nicht nur von der Kirche, sondern auch von ihrer Familie ausgestoßen werden. Mittlerweile hat sich die Situation etwas beruhigt. Man tut jetzt so, als gäbe es diese Beziehung gar nicht.

Ich wünsche mir für meine Partnerin, dass sich die Offenheit und Toleranz der gläubigen Menschen, die ich kennengelernt habe, auch in der offiziellen Haltung der katholischen Kirche widerspiegeln würden, und dass Familien nicht mehr gezwungen wären, sich zwischen ihrer Kirche und ihrer Tochter, Enkelin oder Schwester entscheiden zu müssen.

N. N. (geboren um 1990,
Angestellter im öffentlichen Dienst)

IN DER KJG FAND ICH DIE
KRAFT FÜR MEIN OUTING

Ich habe schon sehr früh gemerkt, dass ich schwul bin. Zu Beginn
der Pubertät hatte ich zum ersten Mal dieses Kribbeln im Bauch bei
dem Gedanken an einige Mitschüler. Bis zu meinem Outing vergingen dann aber gut zehn Jahre voller Zweifel. Die Angst, nicht
akzeptiert zu werden, wurde immer größer. Die Reaktionen aus meinem persönlichen Umfeld nach meinem Coming-out waren aber so
positiv, dass ich diese Momente nie mehr vergessen werde. Wenn
mich seither jemand danach fragt, stehe ich offen zu meiner Homosexualität. Ich dränge das Wissen um meine sexuelle Orientierung
aber niemandem auf. Denn sie ist nur ein Teil meiner Persönlichkeit.

Schwul zu sein heißt für mich aber nicht, dass ich mich nur mit
anderen LGBTIQ*-Personen umgeben muss. Ich kann auch als
Schwuler einen gewöhnlichen Freundeskreis haben, bei dem die sexuelle Orientierung keine Rolle spielt. Meine Kontakte zur LGBTIQ*-
Community beschränken sich daher auf ein paar Knutschereien auf
dem Oktoberfest und einige wenige intensivere Kontakte. Eine feste
Beziehung hatte ich bisher noch nicht.

Der Glaube spielt für mich persönlich eine große Rolle. Noch
heute bete ich jeden Abend vor dem Schlafengehen die Gebete, die
ich von meiner Großmutter gelernt habe. Ich wurde christlich erzogen und war von Anfang an in das kirchliche Leben eingebunden.
Mein Engagement beschränkt sich dabei nicht nur auf die Arbeit in
der Pfarrei, sondern auch auf ehrenamtliche Tätigkeiten im Dekanat
und der Diözese. Insbesondere in der Jugendarbeit der KjG (Katholischen jungen Gemeinde) habe ich die Erfahrung gemacht, dass ich

so akzeptiert werde, wie ich bin, und mich nicht verstellen muss. Dies hat mich dazu motiviert, mich anderen zu öffnen. In der KjG habe ich die nötige Stärke dazu erhalten. Ohne die KjG wäre ich vielleicht heute noch ungeoutet.

Es gibt für mich einen großen Unterschied zwischen der Amtskirche und den Gläubigen. Zur Amtskirche selbst habe ich ein gestörtes Verhältnis. Für mich persönlich machen die Gläubigen aber die wirkliche Kirche und die Gemeinschaft aus. In meiner Pfarrei und der KjG bin ich fast ausnahmslos auf Zuspruch und Akzeptanz gestoßen. Deshalb bin ich dort auch weiterhin sehr gerne ehrenamtlich aktiv.

Mein Wunsch ist, dass vonseiten der Kirche kein Unterschied zwischen heterosexueller und homosexueller Liebe gemacht wird. Ich möchte keine Sonderbehandlung. Ich möchte einfach nur ein normales Leben in der Geborgenheit von Ehe und Familie führen. Ich habe es mir nicht ausgesucht, schwul zu sein. Ich mache das auch nicht aus irgendeiner Ideologie oder aus Protest heraus, sondern weil ich das einfach bin. Wenn sich die Amtskirche in den Ansichten zur Homosexualität nicht bewegt, fände ich das zwar sehr schade, aber tief in mir weiß ich, dass Gott mich so liebt, wie ich bin, und dass er mich für meine sexuelle Orientierung nie verurteilen würde. Und davon bin ich definitiv überzeugt. Und darum werde ich auch weiterhin meinen Glauben leben und meine Überzeugungen weitergeben.

Verena Eitzenberger (geboren 1936, Rentnerin)

KATHOLISCH BEDEUTET ALLES
UND ALLE UMFASSEND

Eines Morgens stand nach dem Gottesdienst ein junger Mann etwas verloren vor unserer Kirche. Ich hatte ihn noch nie zuvor gesehen. Er wirkte einsam und gedrückt. Ich fragte ihn, wer er sei und woher er komme. Er antwortete ausweichend. Auf meine Frage, wohin er jetzt gehe, wusste er nichts zu sagen. Ich fragte ihn, ob er schon gefrühstückt hätte. Er verneinte. Daraufhin habe ich ihn zu mir nach Hause eingeladen und mit ihm zusammen gefrühstückt. Er war sehr wortkarg, hatte aber einen enormen Appetit. Zum Abschied fragte ich ihn, ob er wieder einmal kommen wolle. »Ja, gern«, antwortete er.

Seither war er oft bei mir zu Gast. Mit der Zeit erfuhr ich, dass er kein leichtes Leben hat. Was ich zunächst nicht erfuhr, war, dass er schwul ist. Das erfuhr ich durch Zufall erst sehr viel später. Bis dahin hatte ich noch nie mit einem Menschen zu tun gehabt, der nicht heterosexuell war – zumindest mit niemandem, von dem ich es gewusst hätte. Ich wusste zwar, dass es nicht heterosexuelle Menschen gibt, aber sie kamen in meinem Leben nicht vor. Mir war aber sofort klar, dass es für mich keine Rolle spielte, ob jener junge Mann schwul oder was auch immer war. Er war mir als Mensch wichtig.

Dabei geholfen hat mir ausgerechnet der katholische Glaube. Ich weiß zwar, welche Haltung die Kirche zur Homosexualität und zu homosexuellen Menschen vertritt, aber das wichtigste Gebot des christlichen Glaubens ist für mich die Nächstenliebe. In diesem Glauben bin ich aufgewachsen, in diesem Glauben habe ich mein ganzes Leben verbracht. Durch den Thesenanschlag von Maria 2.0 am 21. Februar 2021, an dem ich mich selbst beteiligt habe, und die

Aktion #liebegewinnt am 9. und 10. Mai 2021, die ich aufmerksam mitverfolgt habe, ist mir zum ersten Mal richtig bewusst geworden, wie schlecht schwule und andere nicht heterosexuelle Menschen von der Kirche behandelt werden.

Seither bin ich einigen nicht heterosexuellen Menschen begegnet – Menschen, die ich als tief gläubig und ausgesprochen feinfühlig erlebt habe. Ich finde, niemand hat ein Recht dazu, sich über diese Menschen zu erheben, geschweige denn sie als Menschen zweiter Klasse zu behandeln. Das sollte umso mehr in einer Kirche der Fall sein, die sich das Gebot der Nächstenliebe auf die Fahnen geschrieben hat. Es braucht ein Umdenken in der katholischen Kirche – ein Umdenken hin zu einer Haltung, die den Menschen in den Mittelpunkt stellt, und zwar unabhängig davon, wie Gott ihn geschaffen hat.

Ich gehöre zu einer Generation, in der solche Themen lange tabu waren. Worüber nicht gesprochen wurde, das schien es auch nicht zu geben. Ich verstehe darum, dass es vielen Menschen meiner Generation nicht leicht fällt zu akzeptieren, dass es nicht heterosexuelle Menschen gibt und dass sie dieselben Rechte haben wie alle anderen. Aus eigener Erfahrung weiß ich aber auch, dass man nie zu alt ist, dazuzulernen und umzudenken. Das gilt auch für die Kirche. Und darum gebe ich die Hoffnung nicht auf, dass die katholische Kirche eines Tages wieder das sein wird, was sie zu sein behauptet: katholisch. Katholisch bedeutet alles und alle umfassend.

Dr. Johannes zu Eltz (geboren 1957,
Priester, Pfarrer und Domkapitular)

DER BALKEN IM AUGE

Meine erste Begegnung mit dem Thema »queer und katholisch« fand
im Kolleg St. Blasien im Schwarzwald statt, wo ich von 1967 bis
1976 im Internat war. Von 68ern und sexueller Befreiung war dort
zunächst nicht viel zu merken. In der Jungs- und Männerwelt des
Kollegs war »Du schwule Sau!« im Streit schnell hingeworfen und
als Breitband-Beschimpfung nicht spezifisch. Wenn aber einer im
Ernst homosexueller Neigungen verdächtigt wurde, hatte er nichts
zu lachen. Nicht normal zu sein, hieß, nicht dazuzugehören. Und
Ausschluss aus der Gemeinschaft brachte den sozialen Tod.

Ich kann mich nicht daran erinnern, dass die Jesuiten und das
übrige Lehr- und Erziehungspersonal zu den Fragen der sexuellen
Integration und Identität auch nur ein Wort verloren hätten. Wir
waren damit uns selbst und einander überlassen. Die Indifferenz
der Leitung und die Bewehrung des gewalt- und angstbesetzten Fel-
des mit massiven Tabus haben dafür gesorgt, dass Sexualität kein
Thema war. Nicht das Schlechteste unter den gegebenen Bedingungen, denke ich mir heute aus der Distanz von 50 Jahren. Aber ein
freundlicher Hinweis für die Pubertät, dass die sexuelle Ausrichtung
wie alles andere im Menschen allmählich heranwächst und nicht fer-
tig vom Himmel fällt und dass der liebe Gott jeden so liebt, wie er
ist – das hätte mir viel Angst und Kummer erspart. Sie haben mir
für lange Zeit die Freude an mir selbst und die Unbefangenheit im
Umgang mit anderen genommen.

Die nächste Begegnung war 2010 in Frankfurt. Als ich dort
Stadtdekan wurde, fiel mir das »Projekt: schwul und katholisch in
Maria Hilf« vor die Füße. Warum ich wider Erwarten daran keinen

Anstoß nahm, sondern darin einen Eckstein für den Erweiterungs-
neubau der Stadtkirche fand, habe ich in einem Interview erläutert,
das anstelle eines Geleitworts in der deutschsprachigen Ausgabe des
Bestsellers *Eine Brücke bauen* von P. James Martin SJ erschienen ist.

Damals war ich schon 20 Jahre Priester und hatte mich in all
den Jahren mit den Widersprüchen der kirchlichen Lehre und Praxis
arrangiert. Ich habe sie nicht nur passiv ausgehalten, sondern aktiv
mitgetragen. Das Englische kennt das Gegensatzpaar *»allowing –
forbidding«* für eine Sprechfigur, aber auch für eine menschliche
Haltung, unübersetzbar ins Deutsche. Ich habe so *»forbidding«* über
Homosexualität und Homosexuelle gesprochen, dass niemand je zu
mir kam, um mich ins Vertrauen zu ziehen, um Rat zu fragen oder
um Hilfe zu bitten.

»Wo ist das Problem?«, dachte ich deshalb. Das Problem lag in
mir, weiß ich heute, und es liegt in der katholischen Kirche. Es ist der
sprichwörtliche Balken im eigenen Auge, der das Gesichtsfeld stark ein-
schränkt. Keine gute Voraussetzung für »Sehen – Urteilen – Handeln«.

Ich sehe eine große Anzahl von Priestern mit »tiefsitzenden homosexuellen Neigungen«, die es von Kirchenrechts wegen nicht geben dürfte. Willentlich hält die Kirche sie, unwillentlich halten viele
von ihnen die Kirche in dem Unwerturteil über Homosexualität
gefangen. Das ist eine klerikale Lebenslüge und in meinem Urteil
strukturelle Sünde. Gewiss kann Gott sie uns vergeben, aber tätige
Reue muss dem vorausgehen: eine Revision der Lehre, die von der
Humanwissenschaft lernt und sich entschlossen am Heil der Seelen
ausrichtet.

Johannes Engelhardt (geboren 1959, Restaurator)

DEN NÄCHSTEN LIEBEN WIE SICH SELBST

Mein Verhältnis zur katholischen Kirche ist schon lange sehr abge-
kühlt. Ich habe die Hoffnung aufgegeben, dass Menschen, die sie
aus einer liberalen, freiheitlichen und realitätsnahen Haltung heraus
reformieren wollen, irgendetwas bewirken können. Aus einer alten
Trutzburg lässt sich kein lichtdurchflutetes, modernes Haus machen.
Um im Bild zu bleiben: die museale Konservierung der Burg und ein
mutiger Neubau wären wohl zielführender.

Ich wuchs in ländlicher Umgebung auf und wurde spirituell
geprägt durch den ernsthaften, volkstümlichen Glauben meiner
Mutter und die sprachlose Gottergebenheit meiner Großmutter.
Den sonntäglichen Kirchgang habe ich als Kind nicht hinterfragt.
Gemocht habe ich ihn nie. Ich verstand nicht, was der Pfarrer, der
uns im Religionsunterricht bei Fehlverhalten am Haaransatz über
dem Ohr in die Höhe zog, dort sagte. Mir wurde oft schlecht vom
Weihrauch und das Schlimmste war, dass ich nicht neben meiner
Freundin Helga sitzen durfte. Jungen und Mädchen hatten damals
im Gottesdienst getrennte Plätze. Später hatte ich eine Katechetin
im Religionsunterricht. Wenn sie jemanden bestrafen wollte, musste
man eine Faust machen, die sie dann an den Knöcheln entlang über
die Tischkante schlug. Kein Wunder, dass ich als Kind allem Katholischen eher mit Angst und Schrecken gegenüberstand.

Mein Outing gegenüber meinen Eltern und Freund*innen wurde
nicht ernst genommen oder verleugnet. Es kam zum Bruch mit meiner Familie. Dass die katholische Kirche ein Problem mit meinem
Schwulsein hatte, war mir klar. Trotzdem suchte ich in meiner damaligen Verzweiflung und Verlorenheit auch bei ihr nach Hilfe. Diese
Hilfe fand ich nicht. So trat ich mit 18 Jahren aus der Kirche aus.

Mit einer Einrichtung, die mich nicht so nehmen wollte, wie ich bin, wollte ich nichts mehr zu tun haben. Mit der Zeit verliebte ich mich, lebte in einer Beziehung, engagierte mich im Schwulenzentrum. Dieser Emanzipationsprozess hat lange gedauert, bis in meine 30er-Jahre. Ich hatte Glück. Heute bin ich verheiratet und kann unverstellt mein Leben leben. Ich hoffe sehr, dass es LGBTIQ*-Jugendlichen inzwischen schneller und weniger schmerzhaft gelingt, zu sich selbst zu finden.

Die Frage nach dem Glauben, das heißt nach den existenziellen Dingen im Leben, begleitet mich bis heute. Ich habe meinen spirituellen Standpunkt gefunden – einen Standpunkt, der an keine Institution gebunden ist. In meiner mittlerweile über 20-jährigen Tätigkeit als Hospizhelfer mache ich immer wieder die Erfahrung, dass es bei den wirklich wichtigen Dingen im Leben einfach um eine unverstellte Annahme des Nächsten geht. Letztlich sind es die Liebe und das Vertrauen auf die Richtigkeit unseres begrenzten, unvollkommenen Daseins, die uns im Ernstfall trösten können.

Die Einstellung der katholischen Kirche zu LGBTIQ*-Menschen und ihre missglückte Aufarbeitung der Missbrauchsfälle macht mich fassungslos und traurig. Traurig macht mich aber auch die Erkenntnis, wie heilsam und segensreich die katholische Kirche wirken könnte, wenn sie sich wenigstens an dieses eine Gebot hielte: »Du sollst deinen Nächsten lieben wie dich selbst« (Lev 19,18).

Lukas Färber (geboren 1998,
pfarrlicher Jugendreferent und Student)

GEWISSENSERFORSCHUNG

Meine Freund*innen fragen mich häufig voller Unverständnis, warum ich mich ehrenamtlich und beruflich für eine Organisation engagiere, die mich als Mann, der Männer liebt, diskriminiert. Ich erzähle dann von den wundervollen Erfahrungen, die ich in den Jugendverbänden gesammelt habe, von den großartigen Menschen, die ich kennenlernen durfte, von der wichtigen Arbeit, die durch kirchliche Organisationen geleistet wird. Mit jeder weiteren Erzählung fühlt es sich mehr und mehr nach einer halbherzigen Rechtfertigung an, nach einer Geschichte, die ich mir selbst erzählen muss, um meine kirchliche Heimat nicht zu verlieren. Wenn ich ehrlich zu mir bin, versuche ich mit diesen Rechtfertigungen nur selten mein Gegenüber zu überzeugen. Es ist vielmehr mein Gewissen, dem ich Gründe liefern muss, warum ich ein Unrechtssystem wie die katholische Kirche mit meiner Zeit und meiner Energie unterstütze.

Seit meiner Jugend engagiere ich mich leidenschaftlich in verschiedenen katholischen Jugendverbänden, mittlerweile vor allem als Diözesanleiter in der Katholischen jungen Gemeinde (KjG) im Bistum Münster. Die KjG ist für mich ein Ort, an dem der Kern unseres Evangeliums in den Mittelpunkt gestellt und zeitgemäß gelebt wird. Die Botschaft der Befreiung, der Gerechtigkeit und der Liebe, die Jesus in unsere Welt gebracht hat, durchdringt die Arbeit der Verbände auf allen Ebenen – die Gruppenstunden und Ferienlager, die Arbeit der Gremien und Ausschüsse wie auch die politische Vertretungsarbeit. Aus dieser Botschaft heraus werden junge Menschen aktiv und kämpfen unter anderem für Geschlechtergerechtigkeit und für die Rechte von LGBTIQ*-Personen in der

Kirche und in der Gesellschaft. In Verbänden wie der KjG werden wichtige Schutzräume für queere Personen geschaffen, die trotz der LGBTIQ*-feindlichen Lehre der katholischen Kirche ihren Glauben in Gemeinschaft leben wollen. Schutzräume für Menschen wie mich. Dort habe ich das Selbst- und Gott*vertrauen gesammelt, um zu mir zu stehen. Dort sammle ich noch heute immer wieder Kraft und Energie, wenn mich die menschenfeindlichen Äußerungen von Priestern, Bischöfen und reaktionären Lai*innen entmutigen und verletzen. Dort verwandle ich meine Trauer, meine Wut und mein Entsetzen in Kampfgeist für eine gerechte und diskriminierungsfreie Kirche.

Doch immer wieder klopft mein Gewissen an, um mich daran zu erinnern, dass bei all dem Positiven, das kirchliche Verbände, Organisationen und viele Lai*innen in den Gemeinden leisten, immer auch die Amtskirche unterstützt wird. Diese Amtskirche, die Gewalt verschleiert, die universelle und unantastbare Würde aller Menschen nicht anerkennt und nicht zuletzt mich sowie unzählige andere diskriminiert. Noch wirken meine Rechtfertigungen vor mir selbst, noch bleibt die Hoffnung – wenn auch nur schwach –, dass Diskriminierungen überwunden werden können. Ich gestehe mir mittlerweile ein, dass ich nicht weiß, wie lange das noch so bleibt, dass ich nicht weiß, wann ich meine kirchliche Heimat aufgeben, meinen Glauben retten muss. Doch auch wenn meine Kirche es tut, mein Gott* diskriminiert nicht – und diese Gewissheit bleibt.

Ulrike Fasching (geboren 1970, Architektin)

WARUM SIND WIR ALS REGENBOGENFAMILIE NOCH KATHOLISCH?

Ich habe meine Schulzeit in einem staatlich anerkannten Mädchengymnasium der Dominikanerinnen in München in guter Erinnerung. Dort waren in den 80er-Jahren neben den weltlichen Lehrer*innen noch sieben Ordensschwestern als Lehrerinnen tätig, zudem ein Religionslehrer des Dominikanerordens. Es war eine entspannte und angenehme Atmosphäre. Wir fühlten uns dort angenommen, so verschieden, wie wir alle waren. Ich erlebte überwiegend weltoffene Lehrer*innen, insbesondere die Ordensschwestern, die uns einen sozialen und werteorientierten Umgang sowie Toleranz vorlebten. In Erinnerung ist mir die Aussage meines katholischen Religionslehrers, der uns unterrichtete, dass nur alle Religionen zusammen das wahre und ganze Gottesbild – ein Konstrukt aus Vorstellungen, Gefühlen und Assoziationen – wiedergeben könnten.

Es ist nicht neu, dass sich viele Katholik*innen heute in einer anderen Lebenswirklichkeit und damit in einer Art Parallelwelt zu der seitens der Institution Kirche verkündeten Glaubens- und Sittenlehre bewegen. Die Spaltung wird immer größer, der Reformbedarf ist offenkundig. Manchmal werden wir als Regenbogenfamilie, also als eine von zwei gleichgeschlechtlichen Personen begründete Familie, gefragt, weshalb wir noch Mitglieder der katholischen Kirche seien. Die Frage klingt jedes Mal so, als würden wir zu selbstquälerischem Verhalten neigen.

Es sind die kleinen zwischenmenschlichen Erlebnisse, die uns Hoffnung auf Veränderung machen und die zeigen, dass zumindest einige katholische Geistliche die christliche Botschaft anders verstehen und leben. Ein intensives und schönes Erlebnis für uns war, als

einer unserer Freunde, ein Diakon, am Abend unserer standesamtlichen Hochzeit sowohl unsere Verbindung als auch unseren noch
ungeborenen Sohn im Mutterleib segnete.

Aber auch die Segnungsfeiern im Frühjahr 2021 in Deutschland
haben gezeigt, dass viele katholische Geistliche für LGBTIQ*-Perso-
nen die im Grundgesetz garantierten Grund- und Menschenrechte
auch in der Kirche durchsetzen wollen und sich für Akzeptanz und
Segnung von gleichgeschlechtlichen Paaren einsetzen. Sie opponier-
ten damit gegen das kurz zuvor veröffentlichte Papier der römischen
Glaubenskongregation, durch das die Segnung von homosexuellen
Paaren verboten worden war. Mutig sind die, die es trotzdem tun!
Veränderung gelingt nur von innen heraus.

Uns fällt es schwer, diese diskriminierende Haltung der vatikanischen Glaubenskongregation unserem mittlerweile 6-jährigen
Sohn zu erklären. Er versteht nicht, wenn die beiden Mütter eines
seiner Freunde erzählen, dass sie sich noch vor einiger Zeit nicht
trauten, eine eingetragene Lebenspartnerschaft zu begründen, da die
eine Mutter Angst hatte, infolgedessen von ihrem Arbeitgeber, der
Caritas, dem Wohlfahrtsverband der katholischen Kirche, gekündigt
zu werden. Wegen nicht erfolgter Verpartnerung und deshalb nicht
möglicher Stiefkindadoption fehlte dem Kind lange die Absicherung
durch die zweite Mutter. Gott sei Dank wurden die Loyalitätsanfor-
derungen der Caritas gegenüber ihren Mitarbeitenden in letzter Zeit
etwas gelockert.

Genauso wenig versteht unser Sohn, dass seiner Familie nach der
Lehre unserer katholischen Kirchenverantwortlichen nicht dieselbe
Anerkennung und dieselben Rechte wie einer heterosexuellen Fami-
lie zukommen. Doch eben dadurch wird auch deutlich: Die nächste
Generation, die keinerlei Verständnis mehr für solche Restriktionen
hat, ist schon da!

Ingo-Michael Feth (geboren 1966, Journalist)

DIE »SCHWULE LOBBY« IM VATIKAN – FIKTION ODER WIRKLICHKEIT?

Um es gleich vorwegzunehmen: Wer sich in diesem Kapitel eine Abrechnung mit der katholischen Kirche erwartet, den muss ich enttäuschen. Ich leide weder an seelischen Schäden noch an verdrängten Traumata, die ihre Ursachen in meinem katholischen Taufschein haben. Zudem gehöre ich noch immer der katholischen Kirche an und würde mich auf Nachfrage als gläubig bezeichnen.

Daran haben weder die zahlreichen Skandale, manch ärgerliche vatikanische Dokumente, verknöcherte Strukturen, laues Bodenpersonal noch andere diverse Unzulänglichkeiten etwas ändern können. Vielleicht habe ich ja einfach Glück gehabt. Etwa mit jenen drei Geistlichen, die mich in meinen Kinder- und Jugendjahren sowie als jungen Erwachsenen begleiteten und sogar bis zu jener Schwelle führten, an der ich sehr ernsthaft an meine Berufung glaubte und vor dem Eintritt ins Priesterseminar stand.

Priester wurde ich nicht, dafür aber Journalist. Mit der »Macht des Wortes« hat auf gewisse Weise beides zu tun. Manch einer wird jetzt sagen: »Aha, dann hat ihn wohl seine Veranlagung daran gehindert, Priester zu werden.« Die Antwort ist ein klares Nein. Dass es im Seminar viele wie mich gab, war mir schon damals glasklar. Man musste nicht mal Verstecken spielen, da ging es recht liberal zu.

Das Erzbistum München und Freising war unter der langen Amtszeit von Kardinal Friedrich Wetter keineswegs ein konservatives Bollwerk. Die erste offizielle Aids-Seelsorge aller deutschen Bistümer etwa wurde 1990 in München eingeführt; Kardinal Wetter weihte die Räume in Schwabing persönlich ein. Die pastorale Wirklichkeit hatte sich von ehernen Dogmen ohnehin schon lange verabschiedet.

Als ich in Sankt Michael nach der Spätabendmesse, die mein Partner und ich gerne besuchten, einmal in die Sakristei ging, um dem Zelebranten für seine erfrischende Predigt zu danken, lud er mich und meinen Lebensgefährten spontan auf ein Glas Wein ein. Wir diskutierten den ganzen Abend über Gott und die Welt – Berührungsängste gab es keine.

Seit acht Jahren lebe und arbeite ich nun in Rom. Weltkirche hautnah. Nach mehreren Weltbischofssynoden, päpstlichen Lehrschreiben, Vatileaks und diversen Aufregungen um eine angebliche »schwule Lobby« im Vatikan kann ich heute eines feststellen: Rom funktioniert einfach anders, als sich das die meisten deutschen Katholiken vorstellen. Und das meine ich nicht unbedingt negativ. »Am deutschen Wesen soll die Weltkirche genesen« – das funktioniert so nicht.

Was für uns im aufgeklärten Westen als Selbstverständlichkeit erscheint, die Ehe für alle, übersteigt in anderen Teilen der Welt die Vorstellungskraft. Da sitzt selbst Papst Franziskus in der Zwickmühle, der doch als Pontifex Maximus die Einheit der Kirche zu wahren hat. Mein Fazit als journalistischer Beobachter: Ein vatikanisches Dokument, das homosexuelle Partnerschaften quasi offiziell anerkennt, ist zumindest in diesem Pontifikat nicht mehr zu erwarten.

Als 2007 mein schwuler Vatikan-Roman *Confiteor – Ich bekenne* erschien, galt er noch als gewagt oder gar skandalös. Inzwischen ist die Fiktion von der Realität weit überholt worden. Vor einiger Zeit speiste ich mit einem hohen Kurienprälaten, wobei ich beiläufig mein Buch erwähnte. Mein Gegenüber blickte mich mit großen Augen an, dann brach er in Lachen aus: »Du bist der Autor? Wahnsinn! Dein Roman ging hier im Vatikan von Hand zu Hand. Du musst mir mein Exemplar noch signieren ...« Seitdem frage ich mich: Ist etwa meine vatikanische Leserschaft die berüchtigte »schwule Lobby«, über die so viel gemutmaßt wurde?

Joachim Frank (geboren 1965, Journalist)

CONFITEOR – CONVERTERE

Confiteor. Mea culpa. Ich bekenne. Meine Schuld. Vielleicht ist es ganz gut, sich vor flammenden Antidiskriminierungsreden und Gleichberechtigungsappellen in Richtung katholischer Entscheidungsträger der eigenen mentalen und habituellen Schuldgeschichte zu erinnern. Einer Geschichte aus Vorurteilen, Gedankenlosigkeiten und Widersprüchlichkeiten im Umgang mit homosexuellen Menschen.

Von zu Hause brachte ich ein anerzogenes Befremden mit, bei dem eine »bürgerliche Moral« dominanter war als die katholische. Von vorgeblich frommen Redefiguren wie »Wer solches tut, ist dem Herrn ein Gräuel« blieb ich in meinem Elternhaus zum Glück verschont. Aber dass »die Homos nicht normal« sind, das war schon eine mehr oder weniger unhinterfragte Überzeugung.

In einem solchermaßen fest gefügten Koordinatensystem war noch im Theologiestudium scheinbar klar, wer auf der richtigen und wer auf der falschen Seite stand. Was haben wir gelacht über eine Predigt zu Joh 21,1–14 mit ihrem wiederkehrenden Motiv: »Steht ein junger Mann am Ufer, am andern Ufer ...«! Und wie lustig waren auch die beschämend kindischen Streiche, die einem Kommilitonen gespielt wurden, der Ballett tanzte und dessen Spezialunterhosen mit Hodenschutz schon mal spurlos aus der Waschküche verschwanden.

Zur heilsamen Erschütterung führten Gespräche mit Priesterausbildern und geistlichen Begleitern über den hohen Anteil Homosexueller im Klerus. Als sich der eine oder andere Ex-Kommilitone outete und das Priesteramt niederlegte, schwante mir, was ich während der eigenen Ausbildung alles nicht mitbekommen hatte. Tomaten auf den Augen, ein Knoten im Hirn und ein Kettenhemd ums Herz.

Ein Moment der Empörung war die Nachricht, ein prominenter Kleriker des Bistums Münster sei quasi über Nacht spurlos aus seiner Gemeinde verschwunden – »wegen eines Mannes«. Aber nicht das brachte mich auf, sondern die Tatsache, dass eben jener Geistliche früher unter den Priesteramtskandidaten seiner Diözese als »Schwulenjäger« bekannt und gefürchtet gewesen war.

Solche Geschichten von gespaltenen Wirklichkeiten und doppelter Moral könnte ich zuhauf erzählen. Erwähnen sollte ich vielleicht das Diktum des Kölner Kardinals Joachim Meisner, niemals habe er Homosexuellen die Hände zur Weihe aufgelegt. Immer wieder war das ein Anlass für spöttisches Gelächter – das einem aber im Hals hätte stecken bleiben oder zu freimütiger Rede führen müssen, im Dienst von Wahrheit und Wahrhaftigkeit.

Bis zur Realitätsverweigerung des Lehramts, die in ihrer Brutalität und Eiseskälte auch heterosexuellen Menschen Schmerzen bereiten muss, ist es von Aussagen wie denen Meisners kein weiter Weg. Nur wenige Monate nach seiner Papstwahl 2005 approbierte Benedikt XVI. eine Instruktion der römischen Bildungskongregation. Sie verbietet die Weihe von Männern mit »tiefsitzenden homosexuellen Tendenzen«, weil sie »in schwerwiegender Weise« daran gehindert seien, »korrekte Beziehungen zu Männern und Frauen aufzubauen«.

Mit Hybris, wissenschaftlicher Ignoranz und Perversion (im Wortsinn: Verdrehung) der Wirklichkeit hat das Lehramt ein Lügengebäude als Kirchenhaftanstalt für das Denken, Reden und Handeln im Geiste Jesu errichtet. Für die Sprengung dieses Gefängnisses ist es höchste Zeit, nicht nur, weil die fatalen Folgen der Gefangenschaft im Missbrauchsskandal offenkundig sind.

Offenbar geworden ist aber auch etwas anderes: der Punkt, an dem Loyalität zur eigenen Kirche in Komplizenschaft umschlägt. Vor diesem *»Point of no return«* stehend, muss aus dem *»Confiteor«* des Anfangs am Ende auch ein *»Accuso«* und ein *»Convertere!«* werden, eine Anklage und ein Ruf zur Umkehr.

Henry Frömmichen (geboren 1999,
Bestattungsfachkraft)

WIE EIN SELFIE MIT »PRINCE CHARMING« MEIN LEBEN VERÄNDERTE

Schon als Kind begeisterte ich mich für den christlichen Glauben und engagierte mich vielfältig in meiner Kirchengemeinde. Bald war mir klar: Ich möchte katholischer Priester werden. Vorbild dafür war mein damaliger Heimatpfarrer, der meine Begeisterung und Leidenschaft für Kirche und Glaube schon im Religionsunterricht in der 3. Klasse bei mir erkannte und sich meiner fürsorglich und wohlwollend annahm.

Im Alter von 16 Jahren konnte ich mich als homosexuell liebender Mensch outen. Mein Coming-out hatte ich im Rahmen eines seelsorgerlichen Gesprächs mit einem Priester. Sein Zuspruch, dass Gott mich genau so liebt, wie ich bin, hat mir große Kraft und neuen Lebensmut gegeben, was ich beides durch die Zeit des inneren Ringens und Kämpfens um meine sexuelle Orientierung verloren hatte. Mir war bewusst, dass ich meinem Herzenswunsch, ja meiner Berufung, Priester zu werden, nicht mehr nachgehen konnte, weil ich mich nun als homosexuell geoutet hatte. Der Priester aber sprach mir Mut zu und versicherte mir, dass es erst einmal überhaupt keine Rolle spiele, welche sexuelle Orientierung ich hätte: Er kenne sehr viele schwule Priester, die alle hervorragende Arbeit in ihren Gemeinden machten. Wenn ich den Ruf des Herrn und das Feuer in mir weiter spüre, solle ich einfach weiter diesen Weg gehen.

Drei Monate nach meinem Eintritt ins Priesterseminar der Erzdiözese München und Freising wurde ich entlassen. Ich hatte im November 2020 ein Selfie mit dem Hauptprotagonisten der schwulen Reality-Dating-Show »Prince Charming«, Alexander Schäfer, auf der sozialen Medienplattform Instagram veröffentlicht. Ich wollte ein Zeichen setzen, dass ich zwar vorhabe, Priester zu werden, aber die Menschen nicht vergessen werde – und zwar schon gar nicht die, die aufgrund ihrer sexuellen Orientierung oder geschlechtlichen Identität von der katholischen Kirche diskriminiert und ausgegrenzt werden.

Von Seiten der Seminarleitung wurde mir vorgeworfen, ich würde mich mit homosexuellen Menschen solidarisieren und die Art und den Lebensstil von homosexuellen Menschen, wie es in der TV-Serie dargestellt wird, propagieren. Somit sei ich als Priesterseminarist nicht mehr tragbar. Durch diesen Rausschmiss lasse ich mich aber nicht entmutigen. Ich kämpfe weiter für eine offene katholische, allumfassende Kirche, in der jede*r so sein darf, wie er*sie ist, und von der niemand diskriminiert oder ausgegrenzt wird.

Dieter Geerlings (geboren 1947,
emeritierter Weihbischof)

WELTKIRCHE VOR ORT

Frühjahr 2021: Die Regenbogenfahne weht an der St.-Pius-Kirche in Münster. Aufgehängt hat sie die katholische Jugend der örtlichen Pfarrei mit Zustimmung des Pfarrers. Die Fahne flattert als Zeichen des Protestes gegen das Nein des Vatikans zur Segnung homosexueller Paare. Was bei dieser Aktion nicht bedacht wird: In dieser Kirche feiern fast ausschließlich die Gemeinden anderer Muttersprache ihre Gottesdienste: die afrikanische, die maronitische/arabischsprachige, die ungarische Gemeinde. Viele ihrer Mitglieder können sich mit dieser Fahne nicht anfreunden. Eine Kommunikation mit ihnen vor dieser Protestaktion hat es nicht gegeben, was auf Unverständnis stößt. Es sei auch nicht ihre Art, auf diese Weise gegen eine Entscheidung des Vatikans zu demonstrieren. Sie möchten natürlich nicht Menschen mit anderer sexueller Orientierung diskriminieren, aber ihre Traditionen hierzu seien andere als hier im Land. Die Regenbogenfahne an »ihrer« Kirche störe sie sehr.

Diese Situation wurde durch den maronitischen Seelsorger und den Leiter der Fachstelle für die Gemeinden anderer Muttersprache an mich als den Bischöflichen Beauftragten für die Katholischen Gemeinden anderer Muttersprache herangetragen. Vereinbart wurde ein Gespräch mit Mitgliedern aller hier benannten Gemeinden, den Jugendlichen und dem zuständigen Pfarrer nach einem Sonntagsgottesdienst.

Meine Einstellung zur gesamten Thematik ist hier öffentlich bekannt durch Internet, Medien und so weiter: Wenn Menschen sich verantwortungs- und bindungsbereit auf eine gleichgeschlechtliche Partnerschaft einlassen und sie leben wollen, sollen sie einen kirchlichen Segen erhalten, vorausgesetzt, sie wollen das. Eine Verwechslung mit dem Ehesakrament kann ich nicht sehen. Verantwortung füreinander zu übernehmen ist des Segens würdig. Allgemeine Segensfeiern hierzu sehe ich skeptisch, da sie zu einer Banalisierung des Anliegens führen können. Homosexualität begreife ich als »Variante menschlicher Beziehungsfähigkeit«, die unter anderem biogenetische Gründe hat.

Thema des vereinbarten Gesprächs sollte aber nur sein: Was machen wir mit der Fahne? Einvernehmlich wurde schließlich abgesprochen, die Fahne abzuhängen. Die Jugendlichen erklärten sich dazu bereit mit der Begründung: Es hätte im Vorfeld eine Kommunikation untereinander stattfinden müssen. Es habe ihre Hochachtung, dass man wochenlang die Fahne an der Kirche respektiert habe, obwohl man anderer Meinung hierzu sei. Auf dieses tolerante Verhalten wollten sie ihrerseits mit Toleranz antworten. Vereinbart wurde ein weiteres gemeinsames Gespräch zur inhaltlichen Problematik.

Dieses Gespräch war sehr offen und machte Differenzen deutlich, zum Beispiel zu der Aussage: »Heute setzt sich immer mehr die Erkenntnis durch, dass die Bibel an Stellen, die in kirchlichen Dokumenten zu unserer Thematik herangezogen werden, nirgends das meint, was wir heute unter gleichgeschlechtlicher Orientierung verstehen.« Solche Feststellungen führten zu Diskussionen, die auch bedingt sind durch unterschiedliche kulturelle Kontexte oder Traditionen. Das Gespräch wird weitergehen.

Denn Christsein bedeutet nicht, an einer zeit- und kulturbedingten Gestalt des Glaubens festzuhalten. Es geht vielmehr darum, eine neue Lebenspraxis zu verwirklichen, in der das Evangelium immer neu Gestalt und Profil gewinnt. Es geht um das neue Leben für alle Menschen.

Dafür wehen die Fahnen anderswo weiter...

Manfred Hassemer-Tiedeken (geboren 1950, Rentner)

ALS SCHWULES PAAR IN DER KIRCHE – SEIT FÜNF JAHRZEHNTEN

Ich lebe seit mittlerweile fast einem halben Jahrhundert mit meinem Mann Hajo, einem ehemaligen Ordensmann, zusammen. Ich selbst war früher als Krankenpfleger tätig. Seit 2009 sind wir beide offiziell verpartnert. Kennengelernt haben wir uns 1972, und zwar über eine Kontaktanzeige in der *HIM*, einem Magazin für Homosexuelle.

Von Anfang an haben wir uns in unseren katholischen Pfarrgemeinden unserer jeweiligen Wohnorte sehr wohl gefühlt – ob im westfälischen Ahlen, auf Westerland/Sylt, in Koblenz, Bremen, Rüdersdorf bei Berlin oder in Berlin-Neukölln. Unsere Liebe war nie ein Problem – weder für unsere jeweiligen Seelsorgerinnen und Seelsorger noch für unsere Mitchristen. Wir haben uns immer gleich zu Beginn in Gesprächen geoutet: »Wir sind schwul, wählen die Grünen und einer von uns beiden zahlt seine Kirchensteuer direkt an eine Gemeinde in Peru und nicht an die deutsche Amtskirche.«

Wir wurden in allen Gemeinden willkommen geheißen und konnten uns in das Gemeindeleben einbringen. Wir haben Firmlinge auf ihrem Weg begleitet, waren gewählte Mitglieder in Pfarrgemeinderat und Kirchenvorstand und haben uns in der Kirchenasyl- und Obdachlosenarbeit engagiert – und zwar immer als offen schwules Paar.

Das Thema Homosexualität war nie ein großes Thema – wurde aber auch nicht verschwiegen. Wir haben die Arbeitsgemeinschaft »Homosexuelle und Kirche« (HuK) mitgegründet und waren darin über viele Jahre hinweg aktiv. Wir haben Treffen in kirchlichen Räumen organisiert, haben auf Katholikentagen lebendige Diskussionen mit Besucherinnen und Besuchern geführt, konnten fruchtbare Gespräche führen mit jungen Männern und Frauen, die vor ihrem Coming-out standen, mit Eltern und Angehörigen homosexueller Menschen, mit Bischöfen und Theologen und sogar mit erklärten Homohassern.

Traurig und zornig gemacht haben uns die vielen Lebensgeschichten von Menschen, denen aufgrund ihrer sexuellen Orientierung von Priestern, Ordensleuten und anderen Vertreterinnen und Vertretern der katholischen Kirche in übelster Weise zugesetzt wurde, denen das Recht abgesprochen wurde, sich katholisch zu nennen, und die trotz langjähriger aktiver und verlässlicher Mitarbeit von ihren Gemeinden ausgegrenzt und ausgestoßen wurden.

Traurig und zornig gemacht hat uns das gerade auch deswegen, weil wir selbst in all den vielen Jahren nur ganz selten vonseiten der Kirche verunglimpft oder gar diskriminiert wurden. So erinnere ich mich noch an ein eigentlich gutmütiges und frommes Gemeindemitglied, das uns gegenüber einmal sein Bedauern darüber ausdrückte, dass wir nicht in den Himmel kommen könnten; denn wir lebten schließlich in Sünde, würden »unwürdig von dem Brot« essen und »aus dem Kelch des Herrn« trinken und uns dadurch »das Gericht« zuziehen (1 Kor 11,27).

Wir sind froh, dass sich Schritt für Schritt innerhalb der katholischen Kirche, zumindest in Deutschland, eine Veränderung hin zu mehr Verständnis und Wohlwollen gegenüber gleichgeschlechtlich l(i)ebenden Christen entwickelt. Aber es gibt auch noch viel Widerstand – aber diesen hoffen wir durch Gespräche und Überzeugungsarbeit irgendwann brechen zu können.

Dr. Andreas Helfrich (geboren 1964, Architekt)

GOTT HAT EINEN PLAN MIT MIR
ALS SCHWULEM MANN

Ich wurde in Speyer geboren und katholisch getauft. Durch meine Eltern habe ich gemeinsam mit meinen Brüdern eine christlich geprägte Erziehung erfahren dürfen, für die ich bis heute sehr dankbar bin.

Diese Sozialisierung hat mir im Laufe meines Lebens Halt und Kraft gegeben in Momenten, die wirklich schwierig waren und ausweglos schienen. Vor 26 Jahren habe ich meinen jetzigen Partner kennen und lieben gelernt, vor 12 Jahren haben wir uns in Köln dann standesamtlich verpartnert.

In all den Jahren sind wir gemeinsam durch dick und dünn gegangen. Wir waren und sind in guten wie in schlechten Zeiten immer füreinander da, insbesondere wenn der andere krank war, nicht mehr konnte oder Kraft und Trost brauchte. Auch unsere partnerschaftlichen Krisen haben wir bisher gemeistert.

Wie sehr haben wir uns danach gesehnt, auch Gottes Segen für diese Beziehung zugesprochen zu bekommen! In all den Jahren, in denen ich als Architekt in einer Führungsposition für ein Wohnungsbauunternehmen der katholischen Kirche in Köln gearbeitet habe, habe ich zunehmend erlebt, wie schweigsam ich wurde, wie sehr ich mich abgeschottet, zurückgenommen und am Ende sogar selbst verleugnet habe.

Die katholische Kirche hat mir das Verhältnis zu meiner eigenen Sexualität nicht leicht gemacht. Sie ermutigt die Menschen nicht dazu, zu glauben, dass das, was man tut, das, was man fühlt, Teil eines großen göttlichen Planes ist. Gott hat eben auch schwule Menschen geschaffen. Die katholische Kirche weigert sich, diese Tatsache anzuerkennen. Ein ausgefeiltes Schuldprinzip und eine streng unterdrückende Sexualmoral stehen ihr dabei bis in die eigenen Reihen hinein im Weg.

Die unerträglichen Stellungnahmen des Vatikans zur Homosexualität habe ich schließlich schweren Herzens zum Anlass genommen, aus der katholischen Kirche auszutreten.

Einer meiner Brüder hat meinen Partner und mich im Mai 2021 auf die Initiative #liebegewinnt aufmerksam gemacht, in deren Rahmen viele katholische Geistliche bundesweit Paare gesegnet haben, die sich zur partnerschaftlichen Liebe bekennen. Wir sind spontan zu einem der Gottesdienste in Köln gegangen und haben Gottes Segen empfangen dürfen. Was für ein wunderbares Geschenk!

Keine Institution kann Gottes Segen verwehren, wenn es um die Liebe zwischen zwei Menschen geht, die sich zueinander bekennen. Ich bin mir sicher, dass Gott noch einen Plan mit mir als schwulem Mann in dieser Welt und in der heutigen christlichen Kirche hat. Die Initiative #liebegewinnt war für mich ein Lichtblick, ein Hoffnungsschimmer, doch noch einen Platz in der Kirche haben zu dürfen. Vielleicht gibt es ja einen Weg zurück …

Markus Helfrich (geboren 1971, Personalleiter)

WENN ZWEI MÄNNER SICH LIEBEN, IST DAS EINFACH NUR LIEBE

Ich bin in einem katholisch geprägten Elternhaus aufgewachsen und habe zwei ältere Brüder, die mich wesentlich geprägt haben. An ihnen konnte und kann ich mich immer ausrichten. Unsere Eltern haben uns wertkonservativ, katholisch geprägt erzogen, wobei ich als jüngster Nachkömmling mit Sicherheit eher die bereits abflauende Strenge in den späten 70er-Jahren erlebt habe.

Ich habe unsere Eltern stets als fürsorglich und liebevoll wahrgenommen, aber auch als moralische Instanz. Erst als Heranwachsender habe ich verstanden, welche Prägungen und Erfahrungen für unsere Eltern in ihrer Kindheit und Jugend maßgeblich waren. Ihr Heranwachsen, ihre Pubertät und ihre Familiengründung fanden im gesellschaftlichen Kontext der späten 30er- bis frühen 60er-Jahre statt, und zwar im gutbürgerlichen Umfeld. Homosexualität war in diesem Zusammenhang etwas, über das man nicht offen sprach, das so ganz und gar nicht in Übereinstimmung stand mit den erworbenen und vermittelten katholischen Wertvorstellungen, das sogar strafbar war.

Das Coming-out meines mittleren Bruders war vor diesem Hintergrund ein Paukenschlag und hat die Welt unserer Eltern erschüttert. Sie fragten sich, wie das nur passieren konnte: ausgerechnet der eigene Sohn, ein erfolgreicher, attraktiver Mann, wichtiger noch, ein wertvoller, weltoffener Mensch, liebenswert, voller Güte und Liebe … Es vergingen Wochen und Monate des Haderns und des (Ver-)Zweifelns. Keine Frage, ihre Liebe dem eigenen Sohn gegenüber war unerschütterlich – und dennoch taten sich unsere Eltern zunächst schwer damit.

Was dann geschah, hat mich nachdrücklich beeindruckt: Durch die Beziehung meines Bruders zu seinem Partner fingen unsere Eltern an, sich und die eigenen Wertvorstellungen, aber auch die gesellschaftlichen und kirchlichen Wertvorstellungen, zu hinterfragen. Es schien so, als ob diese nicht mehr passen wollten, nicht mehr passen konnten und vielleicht nie gepasst hatten – nie gepasst zur Realität zweier Menschen, die sich lieben, achten und zusammen ihr Leben verbringen, mit allen Herausforderungen einer solchen Partnerschaft. Nicht mehr und nicht weniger. Wie sollte das nicht im Sinn Gottes sein? Wieso sollte dies nicht der Botschaft Jesu entsprechen?

Der Lebenspartner meines Bruders wurde mit der Zeit ein festes Mitglied unserer Familie, die spätere Verpartnerung der beiden ein Familienfest. Das schwule Paar inmitten unserer Familie wurde zu dem, was es ist und was es sein sollte: Es wurde zur Normalität, ohne Klassifizierung, ohne Sonderstatus, ohne Wenn und Aber.

Wenn ich heute sehe, wie mein Vater den Partner meines Bruders – meinen Trauzeugen und Schwager – umarmt, wie er sich freut, wenn sie sich sehen und gemeinsame Urlaubspläne schmieden, dann bin ich einfach nur stolz – stolz auf meine Eltern und ihre Fähigkeit, sich bis ins hohe Alter zu hinterfragen, Konventionen abzulegen und sich zu öffnen – aus Liebe, aber auch aus gewonnener, erarbeiteter Überzeugung. Sie werden mir darin stets ein Vorbild bleiben.

Diesen Prozess wünsche ich mir von Herzen auch für unsere Kirche. Mit Sicherheit ist das kein einfacher Prozess. Doch wer die Liebe Gottes verkündet, wer die Botschaften von Jesus Christus vertritt und glaubwürdig und aufrichtig den Menschen vermitteln will, der muss sich hinterfragen, alte Überzeugungen anzweifeln, sich angesichts der eigenen Geschichte Fragen stellen und der Realität ins Auge blicken. Denn bei dieser Realität handelt es sich um nichts anderes als um die Liebe zweier Menschen – nicht mehr und nicht weniger.

Simone Hock (geboren 1974, Bürokauffrau)

MEIN TÜRÖFFNER IN DIE KIRCHE
WAR EIN SCHWULER MANN

Ich wurde in der damaligen DDR geboren und noch als Kleinkind evangelisch getauft. Im Glauben erzogen wurde ich jedoch nicht – im Gegenteil. Ganz dem sozialistischen Menschenbild der DDR und ihrer Staatspartei SED entsprechend, wurde aus mir eine überzeugte Atheistin. Glaube an Gott? Etwas für Schwache, für Leute, die für ihr Leben keine Verantwortung übernehmen wollen, nichts für einen intelligenten, aufgeklärten Menschen der heutigen Zeit.

Dennoch übten Filme und Bücher rund um biblische Erzählungen immer eine besondere Faszination auf mich aus. Dass ich heute Mitglied der katholischen Kirche bin, hat jedoch sehr viel mehr mit einem schwulen Mann zu tun. Wolfgang lernte ich beruflich 2016 kennen, privat trafen wir uns im Demokratiebündnis unserer Stadt wieder. Gegenseitige Sympathie führte schließlich zu einer Einladung zum Abendessen zu ihm und seinem Lebenspartner. Das war am 12. April 2017, dem Mittwoch in der Karwoche. Auf dem Tisch stand die noch unfertige Osterkerze und ich als Mitglied der Partei DIE LINKE wurde geneckt, die Kommunistin könne ja nun helfen, die Osterkerze fertigzustellen. Später erzählte Wolfgang voller Begeisterung von der Osternacht in seiner Pfarrkirche.

Es folgten viele Gespräche über Gott. Sie ergaben sich einfach, weil Wolfgang seinen Glauben ganz selbstverständlich lebt. Weil ich evangelisch getauft war, besuchte er mit mir zunächst evangelische Gottesdienste – alleine traute ich mich nicht –, und beim ersten wurde das Taufversprechen erneuert. Ein sehr berührender Moment. Dennoch verließ ich evangelische Gottesdienste immer etwas ratlos. Das änderte sich beim ersten Besuch einer heiligen Messe in

Wolfgangs Pfarrkirche im November 2017. Ich wusste sofort: Hier gehöre ich hin. Im Februar 2018 nahm ich Kontakt zum Pfarrer auf und im Oktober 2018 wurde ich in die katholische Kirche aufgenommen und gefirmt. Und natürlich war Wolfgang, inzwischen mein bester Freund, auch mein Firmpate.

Im März 2019 wurde ich auf Vorschlag in den Katholikenrat meines Bistums gewählt und im gleichen Jahr haben Wolfgang und sein Mann nach zwölf gemeinsamen Jahren geheiratet. Die christliche Hochzeit, die Segnungsfeier, war etwas ganz Besonderes, und ich durfte die Hochzeitsfotografin sein. Der evangelische Pfarrer sagte: »Wir segnen nicht eure Liebe und euren gemeinsamen Lebensweg, sondern dass ihr eure Liebe vor Gott gebracht habt.« – So berührend die ganze Feier war, so traurig machte sie mich auch. Es fehlte nicht nur ein katholischer Geistlicher, der Segen aus beiden Konfessionen wäre schön gewesen. Da war die Frage: Warum soll man nicht die Liebe zweier Menschen segnen und ihren gemeinsamen Lebensweg?

Gott hat uns die Liebe geschenkt. Er hat uns seine uneingeschränkte Liebe geschenkt, denn wir alle sind nach seinem Bild geschaffen – auch mit unserer Sexualität. Er hat uns die Liebe gegeben, sie ihm zu schenken und füreinander zu empfinden, Natur und Umwelt, Tiere, Musik, Kultur zu lieben – eine Liebe in so vielfältiger Form. Und ich frage mich: Warum nicht die Liebe zweier Menschen und ihren gemeinsamen Lebensweg segnen? Kann Gott Größeres wirken, als wenn er zwei Menschen zusammenführt und in Liebe vereint? Warum also nicht segnen, was Gott zusammengeführt hat …?

In meiner Gemeinde wurde im Juni 2021 ein gleichgeschlechtliches Paar getauft. Eine Transfrau aus der Nachbargemeinde kommt zu uns in den Gottesdienst, weil sie auf dem Weg in die Kirche ihrer Gemeinde von Unbekannten wegen ihres Andersseins zusammengeschlagen wurde. Sie fühlt sich dort nun nicht mehr sicher. Wo immer sich das Thema ergibt oder es notwendig ist, werbe ich für Akzeptanz und Segnung unterschiedlicher Lebensentwürfe.

Giovanni Inzerilli (geboren 1972,
Krankenhaus-Serviceassistent)

ICH EMPFAND MEINE HOMOSEXUALITÄT LANGE ALS SÜNDE UND SCHANDE

Auf Sizilien geboren, war der katholische Glaube immer schon ein sehr wichtiger Teil meines Lebens. Dort, in meiner Heimat, finden ständig Gottesdienste, Prozessionen und andere religiöse Feiern statt. Der katholische Glaube gehört für alle Generationen ganz selbstverständlich dazu. Dementsprechend ist die Haltung der meisten Menschen dort eher konservativ geprägt.

Ich bin in ärmlichen Verhältnissen aufgewachsen und hatte schon als Kind eine sehr enge Beziehung zu Gott. Zur Auffrischung meiner Taufe ging ich oft in die Kirche und habe mir heimlich Weihwasser über den Kopf geschöpft. Danach fühlte ich mich stets wie neugeboren und voller Kraft. Wenn ich Blumen gepflückt habe, brachte ich stets die eine Hälfte meiner Mutter, die andere Hälfte in die Kirche. Die Gebote und Regeln der katholischen Kirche waren für mich immer maßgeblich; was unser Pfarrer sagte, habe ich nie hinterfragt.

In der Pubertät wurde mir aber sehr bald klar, dass ich homosexuell bin. Ich habe es als Schande empfunden. Von daher konnte ich auch niemandem davon erzählen. Ich musste meine Gefühle verstecken. Nicht einmal in der Beichte konnte ich darüber sprechen, obwohl ich meine Sexualität als ernst zu nehmende Sünde empfand.

Mit 24 Jahren kam ich mit nichts als einem kleinen Koffer nach Deutschland. Hier war es leichter für mich. Homosexualität wurde nicht totgeschwiegen wie auf Sizilien, Homosexuelle weniger ausgegrenzt. Selbst eine Beziehung zwischen zwei Männern war möglich. Hier konnte ich auch in der Beichte das, was ich als Sünde empfand, zur Sprache bringen. Das tat ich oft – zumindest immer dann, wenn ich mit einem anderen Mann zusammen gewesen war. Ich führte sogar eine mehrjährige Beziehung mit einem Mann, die ich aber ebenfalls als sündhaft empfand. Ich habe die kirchlichen Gebote und Regeln als gegeben hingenommen. Daher war ich auch nie böse auf die Kirche, denn die Schuld lag ja bei mir.

Als mein damaliger Freund plötzlich starb, war ich sehr einsam. Ich fühlte mich allein mit meiner Schande. Mir blieben nur noch mein Glaube und die Arbeit. Damals betete ich zum ersten Mal in meinem Leben, Gott möge mir einen lieben Freund schicken: jemanden, mit dem ich zusammenleben und glücklich sein könnte.

Kurz darauf lernte ich meinen jetzigen Mann kennen und lieben. Es war wirklich wie ein Wunder. Er ist ebenso katholisch und gläubig wie ich, hielt unsere Liebe aber nicht für sündhaft. Wir gingen zu unserem Pfarrer und führten ein Gespräch. Dabei erfuhr ich zum ersten Mal, dass die Liebe zwischen zwei Menschen, egal welchen Geschlechts sie sind, von Gott keineswegs mit der ewigen Verdammnis bestraft wird. Wir haben noch öfter mit Geistlichen darüber gesprochen, und es war für mich eine ganz neue Erfahrung, mich so aktiv und kritisch mit der katholischen Kirche und ihrer Haltung zur Homosexualität auseinanderzusetzen. Ich konnte mich endlich aufrichten und zu mir selbst stehen.

Zum ersten Mal konnte ich nun eine Beziehung führen mit allem, was dazugehört: mit einer gemeinsamen Wohnung, einem Haustier, gemeinsamen Urlauben und nicht zuletzt der standesamtlichen Eheschließung. Da ist nun keine Angst mehr, keine Scham und keine Schuld. Wir gehen gemeinsam in die Kirche, sitzen nebeneinander und die Menschen lächeln uns zu. Selbst meine sizilianischen Verwandten haben uns zur Hochzeit gratuliert, als sei das etwas völlig Normales. Wie ein Schatten, ein böser Traum verschwand diese Angst, die mich immer so klein gemacht hatte. Ich bin mir sicher: Gott hat mich und meinen Mann zusammengeführt und mir dadurch gezeigt, wie sehr er mich wirklich liebt!

Matthias Katsch (geboren 1963, Publizist)

GUTE NACHRICHT FÜR MEIN VOLK

Ich singe gerne. Immer schon. Auch Kirchenlieder wie *Ein Haus voll Glorie schauet, Fest soll mein Taufbund immer stehn* oder *Großer Gott, wir loben dich.* Später hat Musik mir geholfen zu überleben, nicht zu versteinern, Gefühle zuzulassen.

Als Kind ging ich gern zur Kirche, sonntags mit meiner Mutter, dann in spezielle Jugendgottesdienste, die vom geistlichen Leiter der schulischen Jugendarbeit gehalten wurden, meinem Beichtvater.

Jahrzehnte später habe ich begriffen: Wir wurden missbraucht, weil wir katholisch waren. Denn deshalb durfte ein übergewichtiger Mann mit leicht gerötetem Gesicht mir Fragen stellen, ob ich schon mal, und wenn ja, wie oft und wie, und welche Fantasien ich hätte, wenn ich mich selbst befriedigte. Fragen, die kein Erwachsener einem 13-Jährigen sonst stellen dürfte. Bei einem katholischen Priester, der die Beichte abnimmt, wunderte sich niemand.

Als Kind war mir der Satz rätselhaft erschienen: »Ich bin nicht würdig, dass du eingehst unter mein Dach«. Weshalb war meine Mutter immer so getroffen davon? Weshalb fühlte sie sich offenbar »nicht würdig«? Dass es mit ihrem schlechten Gewissen wegen ihrer außerehelichen Geburt zu tun hatte, erfuhr ich erst viel später.

Doch von nun an fühlte auch ich mich unwürdig. Mit mir stimmte etwas nicht, wenn gleich zwei Priester mein Vertrauen missbrauchten und mir Gewalt antaten. Und daneben die leise wachsende Erkenntnis des Jugendlichen: Du bist schwul.

Als junger Freiwilliger nach dem Abitur war ich fasziniert von den Gottesdienstfeiern der christlichen Basisgemeinde in dem Armenviertel von Santiago de Chile, in dem ich mit gefährdeten Kindern Projektarbeit machte: Gottesdienst ohne Orgel, mit einer Gitarre, mit Songs, die der Tradition des *Canto Nuevo* entstammten: *Buenas nuevas pa' mi pueblo* (»Gute Nachricht für mein Volk«).

Zugleich begegneten mir dort Priester, die mir nachstiegen und mich ungeniert anmachten. Deutlich älter als ich, demonstrierten sie mir: »Schau her, ist nicht so schlimm, wir haben auch unseren Spaß, aber wir reden nicht darüber. Mach doch mit.« Das Prinzip der katholischen Doppelmoral, vielleicht ein Weg, mit der eigenen Scham umzugehen. In diesem Augenblick erschien mir das Angebot verlockend: selbst so ein angesehener, toller Priester zu werden wie die, die mich missbraucht hatten, so richtig was Sinnvolles im Leben zu machen, anstelle von schnellem Sex auf der Bahnhofstoilette. Eine großartige Vorstellung. Die perfekte Versuchung.

Gott sei Dank hielt das nicht lange. Bei erster Gelegenheit plauderte ich alles aus. Es war meine letzte Beichte. Heute bin ich stolz darauf, dass ich den Mut hatte, nicht weiter zu lügen, und damit in Kauf zu nehmen, dass ich nicht dazugehören kann. Bis ich den Mut hatte, zu sprechen, brauchte es dann aber noch zwei Jahrzehnte.

Zurück in Deutschland hörte ich auf, an Gottesdiensten teilzunehmen, ja ich vermied es, Kirchen zu betreten. Allenfalls aus kunsthistorischem Interesse besuche ich heute die großen Dome des Abendlandes.

Geblieben sind Gefühle – Scham und Zorn vor allem. Die Beschämung kettet mich gefühlsmäßig an die Kirche, in der ich missbraucht wurde. Sie kann mich noch immer zornig machen.

Seit über zehn Jahren verlange ich von dieser Kirche, Verantwortung zu übernehmen für das, was sie angerichtet hat durch ihre Priester und ihre Lehre im Leben so vieler Kinder und Jugendlicher.

Vielleicht hätte mich vor zwanzig Jahren eine kirchliche Trauung mit meinem Mann gefreut. Wichtiger war mir die staatliche Anerkennung und der Schutz der Rechtsordnung.

Aber ich singe immer noch gerne. Nur keine Kirchenlieder mehr.

Dr. Julia Knop (geboren 1977,
Professorin für Dogmatik)

MIT GUTEN GRÜNDEN FÜR LGBTIQ*-PERSONEN IN DER KIRCHE EINTRETEN

Drei Bezüge zum Thema LGBTIQ* sind mir wichtig: 1. als Mensch, 2. als Katholikin und 3. als Theologieprofessorin.

1. Verwandtschaft und Freundeskreis spiegeln auf ihre Weise die Vielfalt von Lebensformen und Beziehungen, sexuellen Identitäten und Orientierungen. Wie sollte es anders sein? Bis weit in die ältere Generation hinein nehme ich in privaten Bezügen eine Normalisierung im Umgang mit LGBTIQ* wahr. Doch ich kann mich auch noch an das »laute Schweigen« der Familie angesichts der Homosexualität eines inzwischen hoch betagten Verwandten erinnern.

2. Solches aktive Beschweigen ist in kirchlichen Bezügen bis heute gang und gäbe. Es gelingt in der katholischen Kirche einfach nicht, das Thema LGBTIQ* zu normalisieren. Zu groß ist die institutionelle Verachtung vor allem von männlicher Homosexualität – Frauen fallen auch hier durchs Raster – bei gleichzeitig hoher Präsenz von LGBTIQ*-Personen unter kirchlichen Mitarbeiter*innen. Zu viele sind innerlich zerbrochen, weil sie eine wesentliche Dimension ihrer selbst verleugnen oder ihre Liebesbeziehung verheimlichen, um ihre berufliche Stabilität nicht zu gefährden. Manche werden darüber kalt oder zynisch. Zu viele bleiben ein (Berufs-)Leben lang erpressbar. Besondere Systemkonformität von Klerikern hat nicht immer religiöse Gründe.

3. In der Theologie stand die Beschäftigung mit LGBTIQ* lange, teils noch immer, unter Tabu. Die Gründe sind bekannt. Mittlerweile wächst die Bereitschaft, sich auch öffentlich zu äußern. Befördert wird das durch pastorale (Ehe-, Familien-, Lebensberatung) und

liturgische Entwicklungen (Segnungsfeiern), die nicht mehr nur unterhalb des institutionellen Radars erfolgen, sondern durch Akademien und (einige) bischöfliche Ordinariate gefördert und reflektiert werden. Was man (längst) praktiziert und für richtig und geboten hält, soll auch sichtbar werden können. Dafür braucht es – und gibt es – gute Gründe. Es sind gute, konstruktive Kooperationen, die hier entstehen.

Meine eigene Erfahrung: Wer sich öffentlich äußert, wird ansprechbar, im Guten wie im Bösen. Eine Pressemeldung, ein Podcast, ein öffentlicher Vortrag zur (nötigen) dogmatischen Neubewertung von LGBTIQ* oder die argumentative Unterstützung von Paarsegnungen reichen aus, dass Menschen von sich aus Kontakt suchen. Da gibt es »Belehrung«, Hassmails und Denunziation von besonders Frommen. Es entstehen aber auch sehr schöne, berührende Verbindungen zu LGBTIQ*-Personen, die ihre Geschichte erzählen: Kommilitoninnen und Kommilitonen, Studierende, (ehemalige) Priester(-kandidaten) aus lang vergangenen Zeiten und bisher unbekannte Menschen. Ihre Geschichten belegen die destruktive Wucht, die manche kirchliche Konzepte, Gewohnheiten und Strukturen immer noch ausüben. Es ist erschreckend zu hören, welchen Selbsthass längst überwunden geglaubte Vorstellungen zum Beispiel von kultischer Reinheit oder sündiger Sexualität bei sensiblen, spirituell begabten jungen Menschen immer noch auslösen können. An der Universität werden solche Ideen nicht gelehrt – offenkundig leben sie aber in manchen religiösen Milieus, vielleicht auch in kirchlichen Ausbildungskontexten, weiter. Es sind aber auch ermutigende Geschichten, die von spiritueller Befreiung und innerer Emanzipation erzählen. Viele, wenn auch nicht alle, haben eine frohe Vitalität und einen Platz im Leben – manchmal auch in der Kirche – (wieder-)gefunden.

Ihre Geschichten und ihr Vertrauen, sie zu erzählen, verpflichten: Gute Theologie muss dieses menschliche Niveau erreichen, wenn sie glaubwürdig von Gott sprechen will, der jedes Geschöpf so, wie er es geschaffen hat, liebt und mit Segen bedenkt.

Lisa Kötter (geboren 1960, freischaffende Künstlerin)

LIEBE IST DER SICHTBARE SEGEN
GOTTES IN DER WELT

In meiner Jugend kannte ich weder die Begriffe Hetero- oder Homosexualität noch schwul, lesbisch oder trans. Bestimmt hätte mich damals
ein küssendes Frauen- oder Männerpaar auf der Straße verunsichert.
Weil dieses Bild nicht vorkam in meinem Leben, in meiner katholischen Welt. Aber es hätte bei mir keinerlei Empörung hervorgerufen.

Denn ich glaubte schon damals, dass wir durch und durch erkannt
sind durch die göttliche Liebe. Die uns nicht geschaffen hat, um
uns leiden zu sehen an uns selbst. Die sich nicht weidet an unserem
Leid. Die uns das Leben und die Lust geschenkt hat. Und sich nicht
daran freut, wenn wir diese Geschenke nicht auspacken.

In meiner Jugend war es damals kaum möglich, über Homosexualität zu reden. Ob in Schule oder Familie, überall blinkten sofort
rote Warn- und Schamlichter. Dieses Thema auch nur anzusprechen,
hieß, über Teufelszeug und Sünde zu reden. Auch unter Freund*innen mussten wir erst Worte und Sprache suchen, um über Sexualität
überhaupt und ihre Spielarten im Besonderen sprechen zu können.
Ich erinnere mich, wie oft wir besonders vulgär sprachen, um unsere
Scham zu überwinden, innerlich aber ganz unglücklich waren, keine
angemessene Sprache zur Verfügung zu haben, um gut miteinander ins
Gespräch kommen zu können.

So hat mich die Diskrepanz zwischen dem, was für mich ausdrücklich »Frohe Botschaft« heißt, und der so oft verdammenden,
erbarmungslosen Lehre der römischen Kirche herausgefordert, und sie
begleitet mich bis heute. Maria 2.0 ist nicht zuletzt aus diesen Widersprüchen entstanden. Religionen allgemein und die römische Kirche
im Besonderen haben ja ein seltsam dichtes Verhältnis zur Sexualität.

Natürlich geht es dabei um Kontrolle. Denn wer so ein elementares Lebensbedürfnis wie die Sexualität kontrolliert, hat Macht über Menschen bis in die intimsten Vorgänge hinein. Wer Menschen wegen ihrer natürlichen Bedürfnisse Schuld einredet, generiert Angst. Und die Angst ist die Freundin der Mächtigen.

Wer Sexualität und Reinheit als Gegensätze lehrt, wer Sexualität per se als unsauber und, wenn überhaupt, nur in angeblich göttlicher Eheordnung erlaubt, hat gute Chancen, Hass in den Herzen der Menschen zu schüren gegen jene, die dieser angeblich »göttlichen Ordnung« nicht entsprechen und es wagen, ihrer Natur entsprechend zu leben.

Auch der Selbsthass, der bei Menschen entsteht, die dieser Gehirnwäsche unterzogen wurden, und bei sich selbst sexuelle Bedürfnisse entdecken, die dieser »Ordnung« nicht entsprechen, ist einem (religiösen) Machtapparat sehr dienlich. Sexualität wird so in die heimlichen dunklen Hinterzimmer des Lebens verbannt. Man erzeugt ein Gewissens- und Lebensproblem und tritt gleichzeitig als Retter in der Not auf.

Es ist gut, dass immer mehr Menschen an die Öffentlichkeit gehen und begreifen, dass sie geliebt und gesegnet sind, wie sie sind. Und dass diese Öffentlichkeit eben nicht mehr (nur) mit Hass und Beschimpfung reagiert, sondern dass sie auch schützt. Es wird noch lange dauern, bis der Druck religiöser Wahnvorstellungen auf queere Menschen aufhört. Die Kirchen stehen hier als Erzeuger dieser Wahnvorstellung mit in der Verantwortung.

Heute habe ich (katholische) Verwandte, Freund*innen und Bekannte, die in jeder Farbe des Regenbogens unterwegs sind. Ich freue mich über das liebevolle Großvaterpaar, das die Enkelkinder so zuverlässig versorgt. Ich tröste die Freundin, die Stress hat mit ihrer Ehefrau. Ich lache mich mit einem Freund kaputt über die »schlimme« Farbwahl seines Nagellacks. Und ich sehe, wie immer mehr Priester und Seelsorger*innen öffentlich sagen: Ja, eure Liebe ist gesegnet. Denn die Liebe ist doch der sichtbare Segen Gottes in der Welt.

ICH WOLLTE PRIESTER WERDEN, ABER ...

Schon in meiner frühen Kindheit und Jugend war ich von den schönen Gottesdiensten fasziniert, die wir das ganze Jahr über in der Kirche feierten. Dementsprechend habe ich mich zuerst als Ministrant, später dann auch als Lektor in meiner Heimatpfarre engagiert.

Mit 14 Jahren merkte ich, dass ich mich zu meinem eigenen, also dem männlichen Geschlecht hingezogen fühlte. Im Alter von 16 Jahren hatte ich meine erste homosexuelle Erfahrung. Ziemlich zeitgleich entstand der sehnliche Wunsch, Priester zu werden. Und so trat ich in ein sogenanntes Kleines Seminar ein und maturierte. Während der Gymnasialzeit unterhielt ich eine feste Beziehung mit einem zwei Jahre älteren Mitseminaristen, natürlich im Geheimen.

Wir waren nicht das einzige männliche Paar unter den Seminaristen. Wir pflegten einen Stammtisch und kommunizierten in einer Art Geheimsprache. Denn natürlich war uns klar, dass wir seitens der Seminarleitung kein Verständnis für unsere homosexuelle Veranlagung zu erwarten hatten. Wenn ein Seminarist hingegen eine Beziehung zu einer Frau unterhielt, wurde das zwar auch nicht gern gesehen, aber zumindest geduldet. Das gehöre, hieß es dann immer entschuldigend, zum Entscheidungs- und Reifungsprozess dazu, um später einmal zölibatär leben zu können. Diesen Unterschied habe ich bis heute nicht verstanden, denn Liebe ist Liebe.

Danach trat ich ins Priesterseminar meiner Heimatdiözese ein. Die Beziehung zu meinem damaligen Partner – er ist übrigens heute Priester in einer anderen österreichischen Diözese – habe ich zu diesem Zeitpunkt gelöst: Zu groß war die Angst, es könnte jemand Wind davon bekommen. Es fiel mir schwer, von meinem geliebten Menschen zu lassen, nur um den Ansprüchen der Kirche und denen meiner kirchlichen Vorgesetzten zu genügen. Das würde ich heute nicht mehr tun – zumal mich die Kirche bald darauf selbst fallen ließ.

Unter starkem medialem Interesse war es in und um unser Priesterseminar zu verschiedenen Vorfällen und Vorwürfen gekommen, woraufhin der Vatikan den Opus-Dei-Bischof Klaus Küng als Apostolischen Visitator entsandte. Ich erinnere mich noch gut an ein Gespräch mit dem Visitator, in dem er eindringlich versuchte, mir seine Sicht der Dinge in den Mund zu legen. Als ich das von ihm geforderte »Geständnis«, das ich als verlogen und aufgezwungen empfand, verweigerte, hat er mich kurzerhand aus dem Priesterseminar entlassen. Das Gespräch war von einer Sekunde auf die andere beendet.

Danach war ich völlig geknickt, verunsichert und verängstigt. Ich fühlte mich alleingelassen und perspektivlos. Vonseiten der Kirche hat sich damals fast niemand um mich gekümmert; niemand hat gefragt, wie es mir geht, niemanden hat es interessiert, wie es mit mir weitergeht. Das, so schien es, war dieser Kirche egal. Meinen Glauben und mein Gottvertrauen habe ich trotzdem nicht verloren. Aber mein Vertrauen in die katholische Kirche und ihr Führungspersonal – das ist ein für alle Mal dahin.

Christoph Krenzel (geboren 1993, 2D/3D-Artist für
Augmented- und Virtual-Reality-Anwendungen)

ICH GLAUBTE LANGE, NICHT
SCHWUL SEIN ZU DÜRFEN

2014 verliebte ich mich zum allerersten Mal in meinem Leben in einen Mann. Ich erinnere mich daran, als ob es gestern gewesen wäre.
Denn dies war der bis dahin verwirrendste und schwierigste Moment
in meinem Leben. Am meisten zu kämpfen hatte ich damit, mir selbst
gegenüber einzugestehen, dass ich Gefühle für eine Person desselben
Geschlechts entwickelt hatte: etwas, das ich zwar befürchtet, aber bis
dahin erfolgreich verdrängt hatte.

Schwul zu sein, das war für mich bis dato einfach nicht vorstellbar.
Einerseits lag dies sicherlich auch daran, dass Homosexualität in dem
Umfeld, in dem ich aufgewachsen war, schlichtweg nicht vorkam beziehungsweise verschwiegen wurde. Andererseits konnte durch meine
konservative Erziehung auch nur das klassische Bild von Liebe, Ehe
und Familie in meinem Kopf entstehen, das die katholische Kirche nun
einmal vorgibt.

Mir war das Thema Homosexualität lange so fremd, dass ich, als ich
in der 6. Klasse zum ersten Mal als »Schwuchtel« beschimpft wurde,
diesen Begriff erst einmal googeln musste. Bis heute kann ich mich
noch sehr genau an die Ambivalenz von Gefühlen erinnern, die das
Suchergebnis in mir hervorrief: zum einen aufgeregte Neugierde, zum
anderen abgrundtiefe Scham. Fortan führte ich einen inneren Kampf
zwischen meiner sexuellen Orientierung und meiner Vorstellung, wie
ich zu sein hätte.

Schwul konnte ich vor allem schon deswegen nicht sein, weil ich
ja nicht so feminin war, wie Homosexuelle in der Öffentlichkeit oft
dargestellt wurden. Aber dennoch war ich irgendwie anders als meine

männlichen Mitschüler. Immer wieder wurde ich als »Schwuchtel«, »Homo« und so weiter beschimpft – Worte, die mich so sehr belastet haben, dass ich mich oftmals ganz anders verhalten habe, als ich es normalerweise getan hätte, nur um mir selbst gegenüber dieses Vorurteil nicht zu bestätigen. Der innere Kampf wurde dann 2014 auf die Spitze getrieben: Ich musste mir trotz aller Anstrengungen eingestehen, dass ich mich in einen Mann verliebt hatte. Urplötzlich, auf einer Party, war der Punkt erreicht, an dem ich nicht mehr konnte. Ich brach in Tränen aus und rief mitten in der Nacht meine beste Freundin an – die einzige Person, der ich mich mit meinem dunklen Geheimnis glaubte anvertrauen zu können.

Danach begann eine unglaublich schwierige Zeit für mich – eine Zeit, in der ich vor allem mit mir selber, mit meinen Werten und meinem Glauben ringen musste, um das zu akzeptieren, was nie hätte eintreten dürfen. Während ich also vor allem lernen musste, mich täglich neu zu akzeptieren, wuchs gleichzeitig die Angst, von anderen dafür verstoßen zu werden. Meinen ersten Freund verheimlichte ich über neun Monate hinweg vor meiner Familie. Dass sich mein jüngerer Bruder zwei Jahre zuvor meinen Eltern gegenüber als schwul geoutet hatte, half dabei ganz und gar nicht – im Gegenteil: Ich meinte, meiner Familie keinen zweiten Schwulen zumuten zu können. Ich kam mir vor, als ob ich sie bestrafen würde. Dabei hatten sie doch nichts falsch gemacht.

Letztendlich hatte nur mein großer Bruder Probleme mit meinem Outing: »Du bist nicht mehr der Bruder, den ich mir vorgestellt habe«, sagte er. Wir redeten zwei Jahre lang nicht miteinander. Bei einem eher unfreiwilligen Aufeinandertreffen machte ich ihm klar, dass er sich entscheiden müsste, ob wir eine Familie bleiben würden oder nicht. Wider jede Erwartung fing er an zu weinen und schloss mich in seine Arme.

Heute haben wir wieder einen engeren Draht zueinander gefunden, auch wenn ich weiterhin dafür kämpfen muss, als der akzeptiert zu werden, der ich nun einmal bin. Aber das ist nun einmal ein Prozess – ein Prozess, den ich auch für mich selbst noch nicht ganz abgeschlossen habe.

Ulrike Krenzel (geboren 1966,
Familiencoach und Deutschlehrerin für Geflüchtete)

AUSGERECHNET IN UNSERER FAMILIE – ZWEI SCHWULE JUNGS

Wir sind so etwas wie eine katholische »Vorzeigefamilie«. Meinen Mann habe ich auf dem Katholikentag in München kennengelernt. Nach und nach bekamen wir vier Kinder, drei Jungen und ein Mädchen, die wir genauso selbstverständlich mit in die Kirche nahmen, wie wir es in unserer Kindheit selbst erlebt hatten. Auch zu Hause beteten wir zusammen, sprachen über Gott und versuchten ein offenes Haus für alle zu haben.

Ich habe in dieser katholischen »Idylle« nie einen homosexuellen Menschen kennengelernt und sah daher auch keine Notwendigkeit, mich mit diesem Thema zu beschäftigen. Es kam in meinem Leben einfach nicht vor. Und wenn einmal kurz die Sprache darauf kam, waren da ganz schnell die traditionellen kirchlichen Antworten.

Und dann kam eines Tages mein jüngster Sohn auf mich zu. Er war gerade 15 Jahre alt. Er sagte, dass er dringend mit mir reden müsse, und weinte furchtbar. Wenn er nicht mit mir reden könne, dann bringe er sich um, denn er wisse nicht mehr weiter. Ich war entsetzt. Was kann das für ein Problem sein? Erst, als ich ihm mehrfach versichert hatte, dass er über alles mit mir reden könne, öffnete er sich und sagte: »Ich bin schwul.«

So, jetzt war es raus. In meinem Kopf fuhren die Gedanken Achterbahn. Was sollte ich jetzt sagen? Mein Sohn wartete auf eine Antwort, auf eine Geste. So nahm ich ihn erst mal in den Arm und drückte ihn fest – so wie eine Mutter das mit ihrem Kind, das Kummer hat, tut. Er war mein Sohn; er war immer noch derselbe. Ich sagte ihm, dass ich ihn liebe und dass das für mich kein Problem sei. Er war erleichtert.

Aber ich brauchte Zeit, das zu verarbeiten, und das sagte ich ihm. Auch er hatte Zeit gebraucht, um seine Sexualität zu erkennen und anzunehmen. Für mich fing nun das große Nachdenken an. Der Gedanke, der für mich am wichtigsten war: »Jeder Mensch ist gleich wertvoll, da jeder Mensch ein Geschöpf und Ebenbild Gottes ist.«

Die Aussagen der Kirche zum Thema Homosexualität erschienen mir wie eine Farce. Insgeheim hoffte ich vielleicht, dass das bei meinem Sohn nur eine Phase sei, die irgendwann wieder verschwinden würde. Heute weiß ich natürlich, dass das nicht so ist, aber es gehörte zu meiner Entwicklung und Auseinandersetzung mit dem Thema dazu.

Gut zwei Jahre später kam mein zweitältester Sohn auf mich zu. Damals war er 22 Jahre alt. »Mama, ich muss mal mit dir reden!«, sagte er, zog mich in sein Zimmer und weinte. »Mama, du hast nichts falsch gemacht, du kannst nichts dafür. Ich habe mich verliebt. Es ist ein Mann.«

Die Situation war wie damals bei meinem jüngsten Sohn. Wir weinten, wir redeten, wir lagen uns in den Armen. An Weihnachten brachte er seinen Freund mit nach Hause. Er ist ein netter, offener junger Mann, den wir alle sofort ins Herz geschlossen haben.

Aber auch diesmal brauchte ich Zeit, mit der Situation umzugehen. Ausgerechnet in unserer Familie – zwei schwule Jungs. Obwohl wir uns als recht offen betrachteten, war es nicht einfach für uns, doch wir redeten und lernten voneinander.

Mit am schwierigsten für uns alle war die Tatsache, dass die beiden Jungs durch ihr Outing von der Kirche quasi verstoßen wurden. Sie sind beide katholisch und ihr Glaube bedeutet ihnen viel. Er war ihr Lebensmittelpunkt. Sie verloren viele ihrer Freunde und wurden zum Beispiel auf deren Hochzeiten nicht eingeladen.

Der Segnungsgottesdienst am 9. Mai 2021 war für meinen älteren Sohn der Beginn einer Versöhnung zwischen der Kirche und ihm. Es war ein Schritt auf ihn zu – auf ihn, dem der Glaube immer noch genauso wichtig ist, der sich aber verstoßen fühlte, weil er einen Menschen aus ganzem Herzen liebt und sein Leben in guten wie in schlechten Tagen mit ihm teilen will.

Ulrich Küchl (geboren 1943,
Priester und Komponist)

HOMOSEXUALITÄT ALS WAFFE

Das Gebot der Nächstenliebe, obgleich fest verbunden mit dem Gebot der Gottesliebe, wird in innerkirchlichen Kreisen meist in bedarfsorientierter Weise ausgelegt. Auf jeden Fall immer dann, wenn
das Thema Homosexualität im Zusammenhang mit Kontroversen
unter kirchlichen Amtsträgern als Waffe benutzt wird. Dazu hatte
ich meine persönlichen Erfahrungen machen müssen, als es im
Jahre 2004 um Verbleib oder Rücktritt des damaligen Bischofs von
St. Pölten, Kurt Krenn, ging. Nachdem alle vorherigen Bemühungen
misslungen waren, wurden – als letzter und leider erfolgreicher Versuch – Alumnen und Mitarbeiter des St. Pöltener Priesterseminars,
darunter ich selbst, öffentlich der Homosexualität verdächtigt.

Ob diese Behauptung der Wahrheit entsprach oder nicht, kann
dahingestellt bleiben. Für mich war es jedenfalls eine entsetzliche
Erfahrung, selbst erleben zu müssen, wie homosexuelle Menschen
in der katholischen Kirche verachtet und ausgegrenzt werden – und
dies sogar mit Rückendeckung durch die lehramtliche Sexualmoral.
Ich musste das Trauma vieler homosexueller Menschen durchleben,
die von der Kirche ihrer Menschenwürde beraubt und im Stich
gelassen werden. Wie bedarfsorientierte Nächstenliebe sich in der
Praxis darstellt, war mir nun existenziell vor Augen geführt worden.

Bischof Dr. Dr. Klaus Küng, der mit der Aufklärung der vermeintlichen Missstände im St. Pöltener Priesterseminar betraute
Apostolische Visitator, machte damals reichlichen Gebrauch von
dieser Sexualmoral sowie von homophob-rechtslastigen Minderheitsmeinungen in der psychiatrischen Fachwelt. Unter anderem
meinte er, homosexuell veranlagte Menschen psychischer Anomalien

verdächtigen zu können, darunter auch sexueller Veranlagungen, deren Ausleben mit strafrechtlichen Konsequenzen bedroht ist.

Ich war sprachlos, als ich erfahren musste, dass mich der Apostolische Visitator solcher Anomalien beschuldigte. Ich weigerte mich daher, eine von ihm verlangte Auszeit in einer psychiatrischen Einrichtung zu nehmen, die er verharmlosend »Tagungshaus mit fachlicher Begleitung« nannte.

Ohne mein Wissen ließ er in meiner Abwesenheit mein Büro inspizieren und meinen Dienstcomputer durchsuchen. Schlussendlich sollte ich sogar dazu gezwungen werden, mich einer psychologisch-psychiatrischen Begutachtung in einem Institut für forensische Psychiatrie zu unterziehen! Natürlich verwahrte ich mich auch in diesem Fall dagegen, als vermeintlicher Sexualstraftäter hingestellt zu werden.

Der Apostolische Visitator nutzte daraufhin das ganze ihm zur Verfügung stehende Arsenal an administrativen Diskriminierungen, kirchenrechtlichen Strafmaßnahmen und medialen Machtgebärden, um mich in der Öffentlichkeit unmöglich zu machen und damit Bischof Krenn zur Abdankung zu bewegen, dessen Nachfolger er schließlich wurde – und das alles mithilfe des »Verdachts« auf Homosexualität! Dabei hat mir der Apostolische Visitator mehrmals selbst eingestanden, überhaupt keine Beweise für seinen »Verdacht« zu haben. Über meinen damaligen Leidensweg habe ich ein Buch geschrieben; es trägt den Titel: *Im Harmannsdorfer Exil – Erinnerungen an einen Skandal.*

Jedenfalls bin ich seither um eine leidvolle Erfahrung »reicher«. Doch dieses Leid ist nicht vorbei – zumindest so lange nicht, wie die derzeitige lehramtliche Haltung zur Homosexualität fortbesteht, die weder theologisch noch im Sinne der Nächstenliebe zu rechtfertigen ist. Ich bin fest davon überzeugt: Sie muss und wird geändert werden. Nichtsdestotrotz und gerade deswegen wiederhole ich an dieser Stelle, was ich im Vorwort meines Buches geschrieben habe: »Immer noch bin ich jedoch ein überzeugter und Gott zutiefst dankbarer Priester.«

N. N. (geboren um 1968, Dramatiker und Musiker)

WIR SIND ALLE AUF TOLERANZ ANGEWIESEN

Die Tatsache, dass ich hier nicht meinen Namen preisgeben kann, macht mich betroffen. Eigentlich bin ich als offen schwuler Mann gefestigt. Ich erkannte früh meine Neigung und ließ es zu, bin nun mit meinem Partner fast fünfundzwanzig Jahre liiert, seit 2015 verheiratet. Ich habe enormen Rückhalt in Familie und Freundeskreis, habe in meinen diversen Berufen nie Ausgrenzung erfahren.

Und dennoch habe ich jetzt Bedenken, mich hier namentlich zu bekennen. Die Furcht, ich könnte unschön kontaktiert werden, sitzt tiefer, als ich glauben wollte. Schade. Weil ich die Leserin oder den Leser nicht sehen, ihr oder ihm nicht direkt begegnen kann?

Dabei habe ich gute Erfahrungen mit meinem Bekenntnis, dass ich auf Männer stehe, gemacht. Anders als viele andere. Glück gehabt. Ich wollte meinem Liebesleben jedoch nie mehr Forum geben, als es ihm zusteht. Ich bin schwul. Ja, klar. Das darf man mir ruhig auch anmerken. Aber zuerst einmal bin ich ich. Lernt mich kennen. Und wenn es sich im persönlichen Umgang ergibt, werde ich – man verzeihe mir den Ausdruck hier – den Teufel tun und mein Schwulsein verschweigen.

Wie viele wohl manchmal verschweigen, dass sie an Gott glauben? Vielleicht brauchen wir bald ein anderes Outing: »Katholisch? Na und?!« Ich wäre dabei.

In meiner wirklich sorgenfreien Kindheit war es mitunter eine Klosterfrau, die mich stark geprägt hat. Sie bestärkte mich früh, meinen künstlerischen Weg zu gehen. Und es gab weitere Personen der Kirche, die mich positiv beeinflussten. Vom Pater, dessen Religionsunterricht und Predigten so herrlich lebendig waren, bis hin zum Pfarrer, der die Gemeinde leitet, in der ich heute lebe. Als er die

Ringe für meinen Mann und mich ganz unprätentiös segnete, gab er auch uns den Segen und sagte: »Jetzt könnt's euch das mit dem Notar eigentlich schenken. Jetzt gehört ihr eh schon zusammen.«

Ja, ich bin Christ. Ich bekenne sogar, ich bin katholisch, auch wenn es viele immer wieder verwundert. Abgesehen von den positiven Erlebnissen, die ich erfahren durfte, bin ich der festen Überzeugung, dass unsere Gesellschaft, unser Miteinander um so viel ärmer wäre, in manchen Bereichen zusammenbrechen würde, gäbe es die Kirche mit all ihren Menschen und Hilfestellungen nicht. Austreten ist keine Option. Dabeibleiben und die Gemeinschaft bereichern ist besser.

Ich glaube schlicht und ergreifend an Gott. Er ist kein Christ, Jude oder Moslem. Er ist Gott. Pur, allumfassend und konfessionsübergreifend.

Und ich glaube, dass die katholische Kirche im Kern gut ist. Trotz schwieriger Historie und vielen Fehlern, auch heute noch. Angefangen beim Thema Homosexualität. Vielleicht wäre es an der Zeit, das Wort Homoamorität – Lateiner mögen mir diese Worterfindung verzeihen – einzuführen. Denn es geht nicht nur um den sexuellen Akt. Es geht im glücklichsten Fall um Liebe, ohne den anderen nicht sein zu wollen. Erst Schmetterlinge im Bauch … und im Herzen. Dann tiefe Verbundenheit in der Seele.

Abschließend sinngemäß Worte, die mir besagte Ordensschwester vor ein paar Jahren mitgab: »Ich habe mich entschieden, mein Leben im Kloster zu verbringen. Ein Leben gegen die Norm. Ich musste mich immer wieder deswegen erklären. Wir sind also beide auf Toleranz angewiesen. Ich kann deinen Lebensplan nicht wirklich nachvollziehen. Das muss ich auch nicht. Aber ich kann ihn akzeptieren, ihm Verständnis entgegenbringen. Dein Weg muss nicht meiner sein, so wie mein Weg nicht der deine wäre. Wir müssen uns nur gegenseitig annehmen.« Amen.

Michael Kurz (geboren 1964, Rentner)

DIE KIRCHLICHE SEXUALMORAL
UND IHRE OPFER

Ich verbrachte einen Großteil meiner Kindheit (1966 bis 1976) in einem Kinderheim in Oberammergau. Träger dieses Heimes war die Stadt München. Betrieben wurde es zu der Zeit, als ich dort lebte, von katholischen Ordensfrauen mit guten Verbindungen zu einem Pfarrer aus Köln, der dort regelmäßig seinen »Sexurlaub« verbracht hat. Meine Zeit im Kinderheim war geprägt von extremer psychischer Gewalt, extremer physischer Gewalt und sehr schlimmen sexuellen Übergriffen.

Es wurde mir dadurch von klein auf bis heute jede Chance verwehrt, an etwas Gutes zu glauben. Wie soll man denn an einen gütigen Gott glauben können, dessen »Vertreter« auf Erden solche schlimmen Taten an uns Kindern verübt haben?

Ich bin, wie ich immer sage, homosexuell, seit ich denken kann. Für mich selbst hatte ich noch nie ein Problem damit. Von klein auf naturwissenschaftlich interessiert, hielt ich sehr bald alle Kirchen und Glaubensangelegenheiten für unrealistisch. Darum trat ich, als ich selbstständig und unabhängig geworden war, aus der katholischen Kirche aus. Gotteshäuser sowie jegliche Einrichtungen und Veranstaltungen der Kirche waren für mich seither Symbole purer Scheinheiligkeit. Ich habe sie lange gemieden.

Im Laufe der Jahre stellte ich aber fest, dass ich das, was ich in der Kindheit erlebt hatte, weder vergessen noch verdrängen konnte. Es war immer noch präsent. Ich wurde schließlich richtig krank und musste mich nach zwei Selbsttötungsversuchen einer langen stationären psychologischen Behandlung unterziehen. Wie sollte ich mit dem Thema umgehen? Aus eigener Initiative entwickelte ich zusammen mit einem guten Therapeuten eine Art »Täterverstehen« – was nicht zu verwechseln ist mit Verständnis für die Tat. Ich bin davon überzeugt, dass die Handlungsweise eines Menschen immer einen Grund oder eine Ursache hat.

Und so begann ich, mich mit den Tätern, den Ordensfrauen und dem Priester, zu beschäftigen. Dabei bemerkte ich, dass mir diese Art des Umgangs mit dem, was ich erlebt hatte, guttat. Und somit stand für mich plötzlich das Thema Vergebung an. Ich weiß nicht, von wem dieser Satz stammt, aber ich denke, er trifft zu: »Vergebung ändert nicht die Vergangenheit, aber sie bereichert die Zukunft.«

Von da an begann ich auf die Kirche zuzugehen, um mich, ja, mit ihr zu versöhnen. Allerdings musste ich bald feststellen: Die Kirche will das gar nicht, die Kirche will nur vertuschen. Sie will die Opfer ihrer völlig gestörten Sexualmoral als unglaubwürdig und verlogen darstellen und, wenn sie in die Enge getrieben wird, mit lächerlichen Geldbeträgen und nicht wirklich ernst gemeinten Entschuldigungen abspeisen.

In dieser Zeit habe ich im Bereich der sozialen Betreuung in verschiedenen Altenheimen gearbeitet und festgestellt, wie wichtig der Glaube doch für die meisten Menschen ist – und wie wichtig für die gesamte Gesellschaft. Der Glaube an Gott hält eine gewisse Ordnung aufrecht. Die Unendlichkeit können wir Menschen nicht verstehen und die Endlichkeit wollen wir nicht wahrhaben. Der Glaube aber hilft den meisten Menschen, mit der Endlichkeit klarzukommen.

Was bestimmte Teile der Kirche momentan treiben, macht mich umso mehr fassungslos und zornig. Das krampfhafte Festhalten an ihrer unmenschlichen Sexualmoral ist ein Schlag ins Gesicht der Gläubigen und der vielen Menschen, die, auf welche Weise auch immer, für sie arbeiten oder sich in ihr engagieren. Ich werde der Kirche jedenfalls weiterhin mit meinem Versöhnungsengagement lästig fallen. Allen gläubigen Menschen spreche ich meinen aufrichtigen Respekt aus; ich sage ihnen aber zugleich: Lasst euch nicht gefallen, was ein paar wenige alte Männer von euch verlangen und euch antun!

N. N. (geboren um 1975, Erzieherin)

VOR GOTT KANN ICH DIE SEIN, DIE ICH BIN: EINE FRAU, DIE FRAUEN LIEBT

Ich bin erst als junge Erwachsene zum Glauben gekommen und hab mich nach einer längeren Vorbereitungszeit in der katholischen Kirche taufen lassen. Ich bin nicht mit dem christlichen Glauben aufgewachsen. Es war meine ganz persönliche Entscheidung, zu Gott gehören zu wollen.

Einige Zeit später bin ich dann nach Erfurt gegangen, um, angeschlossen an das dortige Ursulinenkloster, meine Ausbildung als Erzieherin an der Katholischen Fachschule für Sozialpädagogik zu machen. Dort verliebte ich mich auch zum ersten Mal in eine Frau, eine Mitschülerin.

Zur gleichen Zeit lud mich eine Freundin in ihre charismatische Gemeinde ein. Von da an bewegte ich mich hauptsächlich in freikirchlichen Kreisen. Nachdem ich mich in verschiedenen Gemeinden geoutet hatte, flog ich zum Beispiel aus dem Hauskreis, durfte nicht mehr ehrenamtlich mitarbeiten, musste es sogar über mich ergehen lassen, dass man versuchte, mich »gesund« zu beten.

Ich habe sogar freiwillig an einer Konversionstherapie teilgenommen, um von meiner Homosexualität geheilt zu werden. Das war bei der Organisation »Wüstenstrom«, die in den USA »Living waters« heißt. Ich habe dies getan, weil ich in mir selbst so viel Unsicherheit gespürt habe und weil ich der Überzeugung war, so, wie ich bin, nicht richtig zu sein. Außerdem wollte ich nicht weiter als eine Sünderin angesehen werden.

Das alles macht was mit der Seele. Ich wurde schwer depressiv, musste Medikamente nehmen und mich mehrfach in klinische Behandlung begeben. Ich dachte, auch Gott sieht mich als Sünderin, ja als die Sünde in Person an. Ich hatte das Gefühl, nicht die sein zu dürfen, die ich nun einmal bin. Ich geriet in eine totale Identitätskrise.

Damals wollte ich eigentlich nichts mehr mit Gott zu tun haben. Aber er hat mir immer wieder echte Christ*innen geschickt. Und so habe ich nach und nach gespürt, dass Gott nicht der ist, für den ihn die Menschen, vor allem die angeblich ganz Frommen, halten. Jesus ist für mich gestorben – so wichtig war es Gott, dass die Menschen mit ihm versöhnt sind und dass ich mit ihm versöhnt bin.

Auf dem Weg zu meiner Selbstannahme hat mir die Projektgemeinde geholfen, in der ich seit vielen Jahren mitarbeite. Dort feiern LGBTIQ*-Christ*innen gemeinsam Gottesdienst. Viele dort haben ähnliche Ausgrenzungen erlebt wie ich.

Es war ein langer Kampf, um zu meinem wahren Selbst zu finden, es anzunehmen und zu wissen und zu spüren, dass Gott mich so annimmt und liebt, wie ich bin. Klar mache ich Fehler und treffe falsche Entscheidungen. Aber Gott liebt mich – trotz allem. Er lässt mich nicht los.

Zu ihm kann ich kommen, vor ihm kann ich die sein, als die er mich geschaffen hat: eine Frau, die Frauen liebt. Ich bin nun seit sechs Jahren mit einer wundervollen Frau zusammen. Seit zwei Jahren sind wir verheiratet.

Michael Langer (geboren 1978,
Chemikant und Organist)

ICH BIN DER KIRCHE DANKBAR –
UND HADERE MIT IHR

Bereits in meiner Kindheit bemerkte ich, dass ich mich zu Jungs
hingezogen fühlte, habe aber bis zum 19. Lebensjahr nie offen darüber gesprochen. Einerseits, weil in meinem Elternhaus das Thema
Sexualität generell tabuisiert wurde, und andererseits, weil ich mich
durch die eher konservativen Werte und die ablehnende Haltung der
Menschen in meinem näheren Umfeld gegenüber Homosexuellen
habe einschüchtern lassen.

Für die Kirche begeisterte ich mich schon als Kind und fühlte
mich ihr eng verbunden. Im Alter von sieben Jahren durfte ich bereits
den Ministrantendienst ausüben und ebenfalls früh den Lektoren-
dienst. Der Begriff Kirche bezog sich damals für mich hauptsächlich
auf die Ortsgemeinde, die Pfarrei, der ich zugehörig war. Es war eine
sehr aktive Pfarrei, in der ich mich im Laufe der Jahre immer mehr
engagierte, hauptsächlich in der Musik.

Außerdem gab sie mir aufgrund meiner schwierigen Lebensum-
stände Stabilität und Halt. Einige Menschen dort wurden für mich
zu Vorbildern, an denen ich mich orientieren konnte. Dadurch
wurde meine Heimatpfarrei wie eine große Familie für mich und
spielte in meinem Leben bis zum Erwachsenenalter eine zentrale
Rolle. Ich fand es schön, dazuzugehören, gemeinsam zu beten, zu
singen, zu musizieren, zu arbeiten und natürlich auch gemeinsam
zu feiern.

Aber ich haderte während dieser Zeit aus den oben genannten
Gründen immer mehr mit meinen Gefühlen für Menschen meines
eigenen Geschlechts. Ein ungewolltes Outing im Alter von 19 Jahren

wurde zu einer harten Zäsur, löste in mir aber auch einen positiven Prozess aus. Mit der Zeit habe ich gelernt, zu meiner Homosexualität stehen zu können.

Weil ich eigentlich Theologie studieren und Priester werden wollte, holte ich auf einem kirchlichen Kolleg mein Abitur auf dem zweiten Bildungsweg nach. Ich merkte aber bald, dass dies doch nicht mein Weg sein sollte, weil es mir viel wichtiger geworden war, ganz zu mir zu stehen und keinesfalls meine Homosexualität zu verleugnen, die ein wesentlicher Teil meiner Person ist.

In diesem Zusammenhang lernte ich Menschen in der Kirche kennen, die Homosexualität einerseits vehement ablehnten, wenn nicht sogar verteufelten, andererseits aber selbst homosexuell waren und ihre Homosexualität heimlich auslebten, darunter auch Geistliche. Über ein Datingportal für Schwule traf ich zum Beispiel auf einen Mann, von dem ich erst nach einiger Zeit erfuhr, dass er Priester war. Er hätte sich eine heimliche Beziehung mit mir vorstellen können. Für mich hingegen kam und kommt eine Beziehung auf der Basis eines Versteckspiels nicht infrage.

Trotz aller Zwiespältigkeit bleibe ich der Kirche treu, auch wenn ich nicht verstehe, warum die bedingungslose Liebe zwischen zwei gleichgeschlechtlichen Menschen weniger wert sein soll als die Liebe zwischen Mann und Frau. Und trotz aller negativen Erfahrungen in Bezug auf den Umgang innerhalb der Kirche mit Homosexualität lebe ich meinen Glauben. So bin ich zum Beispiel seit vielen Jahren als nebenberuflicher Organist tätig.

Es gibt aber noch einen weiteren Grund, warum ich mich trotz allem bislang nicht von der katholischen Kirche abgewandt habe. Die Kirche, näherhin meine Heimatpfarrei, gab mir Halt in einer für mich extrem schwierigen Zeit und war wie eine Familie für mich da, als ich nichts dringender brauchte als ein stabiles Lebensumfeld. Dafür bin ich bis heute dankbar.

Patrick Lindner (geboren 1960, Schlagersänger)

ICH WILL, DASS DU GLÜCKLICH BIST

Im Herbst 2020 haben mein Mann und ich geheiratet. Es war uns wichtig, nach der standesamtlichen Trauung auch noch in der Kirche Gottes Segen zugesprochen zu bekommen. Wider Erwarten war das problemlos möglich – und zwar in einer katholischen Kirche, durch einen katholischen Priester. Warum war uns das wichtig? Ganz einfach: Wenn zwei Menschen Ja zueinander sagen, gehört für uns der Segen Gottes einfach dazu. Ohne eine Segnung hätte uns etwas gefehlt. Wir selbst und unsere Hochzeitsgäste waren von der Feier tief beeindruckt. Tief beeindruckt waren wir aber nicht nur von der Feier an sich, sondern auch davon, dass in der katholischen Kirche offenbar mehr möglich ist, als der Vatikan für möglich hält.

Ich bin in einem katholischen Umfeld aufgewachsen, aber nicht allzu streng katholisch erzogen worden. Wenn wir in meiner Kindheit unsere Verwandten auf dem Land besuchten, gehörte der sonntägliche Kirchgang immer verpflichtend dazu. Das hat mich damals schon gestört. Gestört hat mich aber nicht der Kirchgang an sich, sondern das damit verbundene Muss. Wenn der Glaube zum Muss wird, geht etwas Wesentliches verloren: die Freiheit. Ich glaube, dass Gott uns Menschen zur Freiheit berufen hat und sich daran freut, wenn wir Menschen in Freiheit leben.

Das gilt auch für die Sexualität. In meiner Kindheit und Jugend war Sexualität kein Thema – und Homosexualität schon gar nicht. Erst als ich auf die Hotelfachschule ging, begegnete ich Menschen, die mir halfen, mich zumindest meiner Familie gegenüber zu outen. Bis dahin hatte ich mich mit meiner Sexualität komplett alleine zurechtfinden müssen. Nach meinem familiären Outing wurde ich zu einem Arzt geschleppt. Der hat mich behandelt, als ob ich krank wäre, und mich vor den Schwierigkeiten gewarnt, die mir bevorstünden. Ich sollte mir das alles gut überlegen, meinte er.

Danach habe ich lange gemeint, eine Rolle spielen zu müssen, die mir von der Öffentlichkeit vorgegeben wurde. Als ich in Betracht zog, mich öffentlich zu outen, riet man mir, das nicht zu tun. Man warnte mich, dass in diesem Fall meine gesamte Karriere auf dem Spiel stünde. 1999 tat ich es trotzdem. Danach musste ich tatsächlich ein Stück weit von vorne anfangen. Die meisten meiner Fans standen zwar weiterhin zu mir und unterstützten mich, aber einige wandten sich auch ab. Ein paar schrieben mir sogar böse Briefe. Sie kamen aber fast alle wieder zurück, als sie merkten, dass ich immer noch derselbe war.

Seitdem ist es mir ein ganz besonderes Anliegen, junge Menschen in der Phase des Erwachsenwerdens und der Selbstfindung zu unterstützen und so dazu beizutragen, dass sie in diesem wichtigen Lebensabschnitt eine akzeptierende und wertschätzende Umgebung vorfinden. Insbesondere ihre geschlechtliche Identität und ihre sexuelle Orientierung sollten junge Menschen ohne Vorurteile und Druck entdecken, akzeptieren und selbstbewusst leben können. Zu diesem Zweck habe ich 2013 die Patrick-Lindner-Stiftung gegründet, die die Gleichstellung von Lesben, Schwulen und anderen queeren Menschen fördert und sich für den Abbau von Diskriminierung, Ausgrenzung und Gewalt einsetzt.

In einem meiner Lieder heißt es: »Einmal wollt' ich spüren, wie das ist, wenn man aus freiem Herzen küsst und gar nichts mehr vermisst. Einmal wollt' ich lieben ohne Angst, was ein anderer sagen kann, nur weil man aus der Reihe tanzt. Es hat mich sehr viel Mut gekostet, dann hab' ich's ihr gesagt: ›Mama, ich fühle anders.‹ Und sie hat nur gesagt: ›Ich will, dass du glücklich bist – und das jeden Tag! Du lebst nur einmal, nicht zwei- oder dreimal. Ich will, dass du glücklich bist!« Dieselbe Haltung würde ich mir auch von Mutter Kirche wünschen!

Gudrun Lux (geboren 1980, Stadträtin)

DIE NOT DES BRUDERS*

»Warum lehnst du dich schon wieder aus dem Fenster? Du bist doch gar nicht betroffen«, sagte mir einer, als ich mich unlängst in einer Debatte für die Anerkennung queerer Menschen und Lebensentwürfe einsetzte. Ich bin als Mädchen geboren und aufgewachsen, ich lebe als Frau, ich bin verheiratet mit einem Mann, wir haben zwei Kinder. Kurz: Wir passen ins »Schema F«. Betroffen bin ich trotzdem. Ich bin betroffen, wenn meinen Brüdern* und Schwestern* Unrecht widerfährt. Ich bin betroffen, wenn Menschen, die nicht in einfache Schubladen passen, ausgegrenzt und gedemütigt werden. Theologisch gesprochen, sind wir doch alle Glieder eines Leibes; wenn einem Teil Unrecht geschieht, darf und kann das den anderen nicht kalt lassen.

In meinem Alltag – ich bin, seit ich ein Teenager war, bei Bündnis 90/Die Grünen aktiv, heute als Stadträtin der Landeshauptstadt München – ist die Sensibilität für Geschlechterrollen relevant, das Überwinden von Klischees und die Freiheit der Menschen, sich selbst zu finden, ohne in eben solch simple Schubladen passen zu müssen. Ich bin aber auch von Kindesbeinen an katholisch, es gehört zu meiner Identität, auch in der Kirche Verantwortung zu übernehmen, sie mitzugestalten.

Was in der katholischen Kirche lange undenkbar war, kann inzwischen ausgesprochen und besprochen werden: Die Bandbreite an geschlechtlicher Vielfalt, die Bandbreite an sexuellem Begehren. Ja, es gibt intersexuelle und transidente, nichtbinäre, homo-, a- und bisexuelle Menschen. Ja, auch in der Kirche. Und ja, sie verdienen wie alle anderen Menschen auch vollen Respekt und die Anerkennung ihrer Lebensgestaltung, ihres Lebens in Gänze. Dass auch geschlechtliche Identität und Sexualität sich im Laufe eines Lebens verändern kann und darf, dass verschiedene Facetten von Menschen in unterschiedlichen Lebensphasen hervor- oder zurücktreten können – wir dulden nicht mehr, dass es ein Tabu ist. Für viele ist das fremd, für manche erschreckend, wenn es das eigene Weltbild erschüttert, stört, zerstört.

Noch vor wenigen Jahren war schon das Benennen von Homosexualität in der Kirche ein Skandal (oft nicht die Homosexualität selbst, wohlgemerkt). Heute nehmen am Synodalen Weg junge Synodale teil, die über ihre geschlechtliche Identität sprechen – und ihnen wird zugehört. Ein kleiner Schritt? Vielleicht. Ein Schritt in die richtige Richtung immerhin. Als wir im Frühjahr 2021 im Zentralkomitee der deutschen Katholiken (ZdK), dem ich angehöre, in einer regelrechten Kampfabstimmung den »Genderstern« als Teil unserer offiziellen Schreibweise in der internen und externen Kommunikation durchsetzen konnten, war das für mich ein Freudentag. Denn damit erkennt das höchste Laiengremium Deutschlands geschlechtliche Vielfalt an, benennt sie, macht sie sichtbar. Ein kleiner Schritt? Vielleicht. Aber ein Zeichen, das mir Mut macht.

Wir können die Welt verändern, indem wir es tun, auch wenn es nur in kleinen Schritten geht. Ich sehe es als meine Aufgabe, Respekt und Anerkennung für meine queeren Brüder* und Schwestern* einzufordern, aber auch, sichere Räume zu fördern und zu bieten, in denen sie frei sprechen und sein können. Sei es bei einer Synodalversammlung, sei es in der Heimatgemeinde oder dem katholischen Verband. Denn ich bin betroffen: »Wenn jemand die Güter dieser Welt hat und sein Herz vor dem Bruder verschließt, den er in Not sieht, wie kann die Liebe Gottes in ihm bleiben?« (1 Joh 3,17).

Fady Maalouf (geboren 1979, Sänger und Kunstmaler)

DER REGENBOGEN IST FÜR MICH EINE BRÜCKE ZWISCHEN HIMMEL UND ERDE

Über lange Zeit hinweg habe ich mich gefragt, warum ich mich verstecken musste. Die Wahrheit, auch wenn sie unantastbar ist, hat je nach der Perspektive des Betrachters viele Gesichter.

Die Wahrheit ist immer die gleiche, aber irgendwie auch immer anders. Manche sehen sie deutlich und andere verzerrt. Manche betrachten sie aus der Nähe, andere aus weiter Ferne. Und oft wird die Wahrheit zu einer verdrehten Illusion.

Ab einem bestimmten Punkt war mir die Wahrheit über mich selbst sehr klar, denn ich bin ihr am nächsten, und das gilt für jedes Lebewesen im Universum, für jeden Stern, für jeden Lichtstrahl.

Wenn man mich beurteilen will, lade ich dazu ein, mir erst einmal ein paar Schritte näher zu kommen, vielleicht eine Weile mit mir zu gehen, ich würde dir dafür sogar meine Schuhe geben. Öffne nicht nur deine Augen, sondern auch dein Herz; vielleicht kannst du mich dann erkennen.

Ich bin mit der Kirche aufgewachsen, habe mit meiner Mutter jeden Sonntag die heilige Messe besucht. Unsere kleine gemütliche Wohnung in meiner libanesischen Heimat war immer voll von Priestern, frommen Gesängen, Rosenkranzgebet und dem überwältigenden Duft von Weihrauch.

Mit diesen Ritualen fühlte ich mich sehr wohl und geborgen, besonders in den Kriegszeiten, in denen ich geboren wurde. Wenn draußen die Bomben einschlugen, habe ich im Schlaf eine Marienstatue umarmt; so fühlte ich mich sicher. Ich habe diese Statue noch immer.

Das alles begann sich zu verändern, als Kinder und Erwachsene auf einmal anfingen, sich von mir abzuwenden oder mich zu beschimpfen. Ich verstand nicht, warum. Ich wusste nur, dass ich lieber singen, malen und tanzen wollte, als Fußball zu spielen.

Meine besten Schulfreunde hörten auf, mit mir zu reden, weil ihre Eltern es ihnen gesagt hatten. Sie stießen mich weg oder, noch schlimmer, schlugen mich. Einer schlug mir sogar einmal einen Zahn aus. Es war aber auch mein Herz, das dabei gewaltsam zerbrach.

Von diesem Moment an habe ich verstanden, dass es die grausamste Art von Einsamkeit ist, wenn man nach wie vor von Menschen umgeben ist, von ihnen aber ignoriert wird – als ob man plötzlich aufgehört hätte zu existieren. Ich wurde quasi unsichtbar – außer wenn gerade jemand Lust hatte, mich anzupöbeln.

Einige Jahre später, als ich in die Pubertät kam, begann ich selbst zu erkennen, dass ich anders war, und trat dann eine lange Reise der Selbstfindung voller seelischer Qualen, Ängste und Frustrationen an.

Der Gipfel dieser Qualen war, als einmal ein Priester von Menschen wie mir predigte. Er sagte, dass wir alle verbrannt und verdammt werden sollten! Es war derselbe Priester, der jede Woche zu uns nach Hause kam, neben mir an unserem Tisch aß und mir sagte, was für ein toller junger Mann ich doch sei!

Ich erinnere mich, dass ich plötzlich wie gelähmt dastand. Es fühlte sich an, als ob ein Pfeil meine Brust durchbohrte und sie zerriss. Ich empfand diese grausame Predigt als den ultimativen Verrat an der Botschaft Jesu. Diese hasserfüllten Worte lösten in mir eine tiefe Traurigkeit und Wut aus – ein Zustand, der jahrelang anhielt.

Aber die Stimme Jesu ist stärker als der Lärm dieser gefallenen Welt. Und so betrat ich nach langer Zeit wieder eine Kapelle, stand vor dem Kreuz und erkannte, dass ich ein Teil davon bin: Genau wie Jesus wurde auch ich abgelehnt, verachtet und misshandelt.

Ich weinte und schloss Frieden mit mir und mit Gott, weil die Liebe über alle Ignoranz triumphiert und weil Ignoranz die Schwester des Bösen ist. Heute trage ich mein Licht und mein Kreuz mit Stolz. Und der Regenbogen ist für mich eine Brücke zwischen Himmel und Erde!

Christof Gabriel Maetze (geboren 1965, Bankkaufmann)

GOTT IST LIEBE

Geboren wurde ich in eine aufgeklärte diaspora-katholische Familie in Berlin (West). Kirche und Glaube waren von Anfang an Teil meines Lebens: sonntäglicher Gottesdienstbesuch, Katholische Grundschule St. Engelbert, Mitgliedschaft bei der Deutschen Pfadfinderschaft St. Georg vom Wölfling bis zum Leiter und ganz selbstverständlich nach der Erstkommunion der Beginn meiner Ministrantenkarriere. Mein Vater war Mitglied in einer katholischen Studentenverbindung mit jesuitischen Wurzeln. Mit ihm führte ich immer wieder lange und gute Gespräche über den Glauben an sich und die Sachwalterin des Glaubens auf Erden: die Kirche.

Später zogen wir in eine Kleinstadt in Westfalen, wo wir als Katholiken ebenfalls in der Minderheit waren. Kirche, Gemeinde und Pfadfinder waren meine erweiterte Familie. Ich fühlte mich eingewoben in das, was für mich selbstverständlich und immer tragend war. Glaube und Kirche haben mich tatsächlich getragen, gerade auch in den schwierigen Zeiten der Pubertät und der Ablösung von meiner Familie. Getragen fühlte ich mich, weil ich mir immer bewusst war: »Herr, ich bin nicht würdig, dass du eingehst unter mein Dach, aber sprich nur ein Wort, so wird meine Seele gesund.«

Mit Anfang zwanzig – ich lebte inzwischen in Frankfurt am Main – hatte ich mein Coming-Out. Statt mich wie bisher zu verstecken, ging ich nun offen mit meinem Schwulsein um: in der Familie, am Arbeitsplatz und in der Kirche. Kurz danach wurde ich vom Pfarrer zum Gespräch gebeten. Er eröffnete mir, dass mein Engagement in der katholischen Jugendarbeit und als Leiter von Ferienfreizeiten, ja sogar jeglicher Umgang mit Jugendlichen jetzt nicht mehr passend sei. Meine Neigung, sagte er, sei zwar als solche nicht sündhaft, aber frei vollzogene homosexuelle Akte stellten eine schwere Sünde dar. Wenn ich weiterhin zu meiner erweiterten Familie Kirche gehören wollte, würde das erfordern, dass ich mich der gleichgeschlechtlichen Sexualität vollständig zu enthalten hätte. Das kam für mich nicht infrage. Da ich nicht auf den Mund gefallen bin, suchte ich mir passende Bibelzitate heraus und hielt dagegen. Doch am Ende der Diskussion kam ich einem Rauswurf zuvor und erklärte meine Demission.

Und so ging das Ende meiner Tätigkeit als beliebter Leiter in der katholischen Jugendarbeit mit dem Verstoßenwerden aus der großen Gemeinschaft Gottes einher, weil seine Vertreter auf Erden an meiner sexuellen Orientierung Anstoß nahmen. Es hat lange gebraucht, bis ich das wirklich realisiert habe – und es hat sich nicht gut angefühlt. Es kam mir so vor, als ob mir plötzlich der Boden unter den Füßen weggezogen würde. Nach einem langen und schmerzlichen Erkenntnisprozess, als ich endlich der war, der ich wirklich war, wurde ich aus der katholischen Familie verstoßen, nur weil ich als Mann Männer liebe und begehre. Das hat mich wütend gemacht und einsam. Ich war draußen.

Mein Verhältnis zur Kirche ist seither nicht mehr dasselbe. Es ist distanzierter geworden. Über die Jahre hinweg habe ich zwar meinen Glauben bewahrt, aber als etwas sehr Persönliches. Die Sachwalter des Glaubens mit ihrem vermeintlichen Monopol auf die Wahrheit erreichen mich kaum mehr. Was mich weiterhin trägt, sind Zusagen wie diese: »Gott ist Liebe; und wer in der Liebe bleibt, bleibt in Gott und Gott bleibt in ihm« (1 Joh 4,16).

N. N. (geboren um 1950, Journalist)

AGAPE UND EROS –
ZWEI SEITEN EINER MEDAILLE

Ich war 13 oder 14 Jahre alt, Schüler eines (katholischen) altsprachlichen Gymnasiums in einer mittelgroßen deutschen Universitätsstadt, Messdiener, Obermessdiener, Lektor, Mitglied einer katholischen Jugendgruppe.

Den Begriff »schwul« gab es, aber er gehörte nicht zu meinem aktiven Wortschatz. Das Wort »homosexuell« kannte ich, aber es dauerte noch einige Zeit, bis ich es auch auf mich anwandte. Aber ich wusste schon, dass mich Männer mehr interessierten als Frauen und Mädchen. Und ich hatte auch – frühreif, wie ich war – sexuelle Kontakte mit jungen Männern, nicht nur mit Mitschülern oder gleichaltrigen Jungen.

Und dann hatten wir in unserer Schule eine geistliche Besinnungswoche, geleitet von einem Jesuitenpater. In einer Art (komprimierter) jesuitischer Exerzitien hatte er uns jungen Schülern das Christentum und die Lehren der katholischen Kirche nahebringen wollen und auch nahegebracht: Erlösung, ewiges Leben, Jesus, Maria, die Heiligen. Vieles, was auch heute noch für mich in meinem Leben wichtig ist.

Aber der Pater wollte uns nicht nur die großen Geheimnisse der Erlösung und der Liebe Gottes nahebringen, sondern auch die Sexualmoral der frühen 60er-Jahre: Keuschheit, Enthaltsamkeit, Selbstzucht. Es war schrecklich, es machte Angst. Die Hölle wartete, nicht nur das Fegefeuer.

Das war nichts für mich. Und als – gegen Schluss der Besinnungswoche – die Beichte anstand, habe ich keinen einzigen Verstoß gegen das sechste Gebot gebeichtet. Für mich war klar: Das, was ich empfand und was ich (damals schon) tat, ist keine Sünde. Denn der Gott, der mich liebt und der mein Leben lenkt, hat mich so geschaffen, wie ich bin. Und das kann, weil es sein »Werk« ist, schon deswegen keine Sünde sein.

Liebe, körperliche Zuneigung, auch Sex sind Geschenke Gottes. Das war und ist meine Haltung. Diese Einstellung habe ich mein Leben lang beibehalten, auch in der Zeit, als ich – mit dem Berufsziel katholischer Priester – ins Seminar einzog. Über zwei Jahre hatte ich dort eine innige Beziehung zu einem anderen Seminaristen, körperlich, gefühlsmäßig, intellektuell, geistlich.

Wir glaubten beide an den uns liebenden Gott und an Jesus, den Erlöser aus der Schuld und den Begleiter unseres Lebens. Wir gingen, auch wenn wir die Nacht miteinander verbracht hatten, gemeinsam in die heilige Messe, gemeinsam zur heiligen Kommunion, zum Mahl der Liebe. Agape. Und Eros. Zwei Seiten einer Medaille.

Mein Gefährte von damals ist Priester geworden, und er hat es sogar zu einem recht hohen Amt in der kirchlichen Hierarchie gebracht. Ich bin nicht Priester, sondern Journalist geworden.

Beide sind wir Christen geblieben. Katholiken sogar. Wir glauben an die Liebe – an die Liebe Gottes zu den Menschen und auch an die Liebe der Menschen zueinander. Beide hoffen wir auf die Erlösung und auf das ewige Leben. Und wir sind uns sicher: Wir sehen uns dort wieder.

Iris Molsbeck (geboren 1968, Altenpflegehelferin)

MEIN KIND IST TRANSGENDER – WAS SOLL DARAN FALSCH SEIN?

Seit meinem 13. Lebensjahr wohne ich in einem schon immer sehr katholisch geprägten Ort, in dem jeder jeden kennt und kaum etwas verborgen bleibt. Das gesellschaftliche Leben ist sehr stark von Traditionen, Bräuchen und Gewohnheiten bestimmt. Die wahrscheinlich wichtigsten Grundsätze für das Zusammenleben der Menschen lauten bis heute: »Das war schon immer so« und »Das war noch nie so«!

Der katholische Glaube spielt darum auch in meinem Leben schon immer eine große Rolle. Auch wenn ich nicht jeden Sonntag in die Kirche gehe, fühle ich mich in der katholischen Kirche zu Hause und geborgen. Von den schon seit Langem geführten Diskussionen um die katholische Sexualmoral habe ich früher nicht allzu viel mitbekommen. Ehrlicherweise muss ich zugeben, dass ich mich dafür auch nicht wirklich interessiert habe.

Ich bin stolze Mutter zweier Kinder. Eines meiner Kinder wollte irgendwann keine Mädchenkleidung mehr tragen und schließlich auch kein Mädchen mehr sein. Eines Tages sagte es zu mir: »Mama, ich bin transgender.« Zu diesem Zeitpunkt wusste ich noch gar nicht, was das ist. Ich musste zwar erst einmal schlucken, habe dann aber zu meinem Kind gesagt: »Das ist okay. So wie du bist, bist du in Ordnung.« Danach habe ich mich erst einmal informiert, was das überhaupt bedeutet, wenn jemand transgender ist und was das alles mit sich bringt. Was der Papst und der Vatikan dazu sagen, hat mich aber nicht interessiert und interessiert mich auch heute nicht wirklich.

Was ich am Anfang nicht ahnte, war, wie schwer der Weg würde, den mein Kind als Transgender gehen musste und gehen muss. Für mich und meine Familie ist der Weg auch nicht leicht, aber wir halten zusammen. Unzählige Besuche bei Ärzten, Psychologen und Juristen waren nötig, bis alles seinen Lauf nehmen konnte. Bei einem der ersten Gespräche sagte ein Psychologe zu meinem Kind: »Du kannst echt froh sein, dass deine Familie hinter dir steht. Leider kommt es gar nicht so selten vor, dass jemand, der sich als Transgender outet, von seiner Familie verstoßen wird und dann ganz auf sich allein gestellt ist.«

Ich bin mir ziemlich sicher, dass bei uns im Ort viel über unsere Familie geredet wurde und dass das nach wie vor so ist. Mir ist das aber egal. Wenn die Leute reden wollen, sollen sie reden. Mich hat jedenfalls nie jemand darauf angesprochen, dass eines meiner Kinder transgender ist. Einmal ergab es sich allerdings zufällig, dass ich mit unserem katholischen Pastor darüber ins Gespräch kam. Er sagte nur: »Dann ist das halt so. Ihr Kind bleibt immer Ihr Kind!« Diese Worte haben mir sehr gutgetan.

Der katholische Glaube hat mir sowieso viel geholfen, mit meinen vielen Fragen und Sorgen zurechtzukommen. Aber für mich hat der Glaube nichts mit der geschlechtlichen Identität oder der sexuellen Orientierung eines Menschen zu tun. Ein Mensch ist, wie er ist. Und so, wie er ist, ist er von Gott gewollt. Was soll daran schlecht oder falsch sein?

N. N. (geboren um 1970,
Priester und Psychotherapeut)

WEGBETEN GEHT NICHT

Als 16-Jähriger betrat ich zum ersten Mal das Priesterseminar meiner
Heimatdiözese. Eine Welt für sich, eine reine Männerwelt, um genau
zu sein. Weit über 100 Seminaristen. Kontakttage zum Kennenlernen.

Vier Jahre später trat ich ein. Als schwuler junger Mann. Schwul
sein – ich wagte damals nicht einmal, das Wort auszusprechen. Ob jemand anders auch schwul sein könnte? Ich ließ mir nichts anmerken.
Ich spürte zu viel Angst, dass »es« jemand merken könnte.

Zum Glück fanden sich im Laufe der Jahre ein paar Verbündete.
Nein, wir hatten keinen Sex miteinander. Das war ein No-Go! Aber wir
vertrauten uns einander an.

Die Hausleitung scheute das Thema fast so wie der Teufel das
Weihwasser. In einer Gruppe von Seminaristen kamen wir einmal ins
Gespräch mit einem der für unsere Ausbildung Verantwortlichen. Es
ging um die Frage, ob jemand, der homosexuell ist, von außen erkannt
werden könnte. Seine Antwort ist mir heute noch in Erinnerung; im
Brustton der Überzeugung sagte er: »Ach, meine Herren, ich bitte Sie:
Ich erkenne doch mit gesundem Menschenverstand, ob jemand homo-
sexuell ist!«

Uns hatte er nicht erkannt. In unserer Gruppe waren wir alle schwul.
Wie ungefähr 60 % der Seminaristen insgesamt, wenn nicht noch mehr.
So viel zum Thema Menschenkenntnis. So viel zum Thema Klischees.

Der Spiritual indes, ein so vergeistigter Mensch, dass er manchmal
fast körperlos wirkte, empfahl uns im Allgemeinen einfach: »Bringen
Sie ›es‹ vor den Herrn!« Wir sollten es also wegbeten. Aber das ging
nicht. Weder der Wunsch nach Selbstbefriedigung noch der nach kör-
perlicher Nähe ließ sich einfach so wegbeten.

Dann tauchten erste Gerüchte auf, dass Homosexuelle nicht geweiht werden könnten. Das Zittern begann. Hatten sie uns durchschaut? Nein. Das Gespräch mit dem Bischof vor der Weihe verlief gut. »Sie sind ja in einer Priestergemeinschaft, das hilft«, meinte er zum Thema Sexualität. In der Tat hatte er damit nicht unrecht. Dennoch fiel es mir auch hier schwer, »darüber« zu sprechen.

Priesterweihe. Die ersten sechs Jahre als Kaplan in verschiedenen Gemeinden. Dann die erste Stelle als Pfarrer. Keine leichten Jahre. Der Weg war mühsam. Ich habe es nicht geschafft und den Zölibat oft gebrochen. Freundinnen und Freunden gegenüber konnte ich mich als schwul outen, aber nicht allen. Im binnenkatholischen Milieu schien es mir unvorstellbar, dass man »es« akzeptieren, geschweige denn gut finden könnte. Unterstellte man nicht gleich ein nächtliches Szeneleben? Galt man nicht sogar als pädophil?

Wenn ich heute zurückblicke: Wie wichtig war es, dass wir wenigstens im Weihekurs und mit manchen Mitbrüdern offen reden konnten. Ich habe mich immer gefragt: Warum hat man nicht versucht, die Angst, die in uns tobte und nachts an die Türen der Seele pochte, zum Thema zu machen? Warum wird die sexuelle Identität von Schwulen in der Kirche noch immer verteufelt?

Ich kenne so viele schwule Priester, die ihren Dienst absolut professionell, kreativ und menschenfreundlich verrichten! So viele, die mit liturgischem Feingefühl Gottesdienst feiern. So viele, die im Gespräch mit Leidenden, Kranken und Sterbenden empathischer sind als andere, die ihre Sehnsüchte mit Alkohol, Spielsucht oder heimlichen Bordellbesuchen kompensieren.

Ja, die Angst hat auch mich begleitet. Aber mein Glaube an diesen Mann namens Jesus hat diese Angst letztlich überwunden. Gewiss: Dafür habe ich mein Priesteramt an den Nagel gehängt. Wie so viele andere. Eines weiß ich ganz sicher: Wegbeten konnte ich »es« nicht und will ich »es« auch nicht. Ich habe einen wunderbaren Partner gefunden, mit dem ich zuammenlebe. Es geht mir gut als schwuler Ex-Priester. Aber ich gestehe: Manchmal träume ich davon, wie es anders wäre.

Almut Münster (geboren 1970, Sozialarbeiterin und
Kinder- und Jugendlichenpsychotherapeutin)

WARUM ICH IM GEGENSATZ ZU MEINER FRAU KEINE KATHOLIKIN BIN

Meine Frau Christine ist Katholikin, und der Glaube ist ihr wichtig. Daher haben wir uns bei der Aktion #liebegewinnt gemeinsam segnen lassen. Das war sehr bewegend. Neben der Bedeutung für unsere Beziehung hatte dieser Gottesdienst für mich überraschenderweise auch eine religiöse Bedeutung. Überraschend, weil es in der katholischen Kirche für mich normalerweise zu viel Irritierendes gibt, weil ich keine Verbindung finden kann zwischen dieser Kirche und meinem Leben, meinem Empfinden, meinem Glauben.

Ich sträube mich dagegen, Gott – oder wie auch immer man »das« nennen möchte – zu konkretisieren, da ich dies angesichts meines kleinen Menschenverstandes als anmaßend empfände. Und ich kann es der – meiner Ansicht nach auch nur mit Menschenverstand erdachten – Kirche auch nicht abnehmen, dass sie es besser wüsste. So passen mein Glaube und mein Empfinden nicht gut in die katholische Kirche, aber auch in keine andere Religion so richtig hinein. Dadurch fehlen mir die passenden Formen, um Gottesdienst zu feiern, um ihn in Gemeinschaft feiern zu können, um meinen Glauben zu leben und ihm auf eine für mich stimmige Weise Ausdruck zu verleihen, obwohl Religiosität und Glaube für mich eine große Bedeutung haben. Das ist sehr schade, und ich vermisse es. Und aus meiner beruflichen Erfahrung kann ich sagen, dass das nicht nur mir fehlt.

Wie schön war die Offenheit bei der Segnung, sich dort willkommen zu fühlen, dadurch in Gemeinschaft Gottesdienst feiern zu können, gesegnet zu werden. Vor vielen Jahren habe ich in einer

Gemeinde in einer brasilianischen Favela die Kirche ähnlich einladend und offen erlebt. Mich hat dort das soziale Engagement der Menschen, der gelebte Glaube, die durch den Glauben und die Gemeinschaft im Glauben vermittelte Kraft sowie die Bereitschaft zu innovativen, sozialen und inklusiven politischen Positionen zutiefst beeindruckt. Diese Kirche dort hat den Menschen vermittelt, dass sie mit ihren jeweiligen Bedürfnissen, in ihrem individuellen Sein und in ihrer ganzen Vielfalt willkommen sind.

Ich würde mir von der Kirche wünschen, dass sie anschlussfähiger wird an unsere aktuelle Lebenswirklichkeit und unseren modernen Wissensstand, dass sie vielfältiger und offener wird für individuelle Glaubens- und Lebensformen. Glaube, Gebet, Rituale und religiöse Gemeinschaft empfinde ich als so wichtig für uns Menschen. Und eine Institution, die in unserer marktwirtschaftlich orientierten Gesellschaft ethische – aber bitte menschenfreundliche – Werte glaubhaft vertritt, hielte ich für ebenso wichtig. Ich würde es mir wünschen und ich würde es der Kirche wünschen.

Otto Johann Piplics (geboren 1970,
Priester und Sänger)

BESSER DAS PRIESTERAMT NIEDERLEGEN ALS EIN DOPPELLEBEN FÜHREN

Es bereitete meiner Mutter immer Freude, davon zu erzählen, dass ich als kleines Kind Papst werden wollte. Die Fernsehübertragungen des Segens »*Urbi et Orbi*« aus Rom bekam ich von klein auf mit. In der Volksschule wollte ich so früh wie möglich ministrieren, und mein Berufswunsch wurde realistischer: Nach dem Beispiel unseres Pfarrers, den ich sehr verehrte, wollte ich Priester werden. Konsequent ging ich bis zur Matura ins erzbischöfliche Knabenseminar.

Ab dieser Zeit betete ich oft darum, ein guter Priester zu werden. In der Pubertät wurde mir zwar bewusst, wie erotisch anziehend Burschen und Männer auf mich wirkten, aber als Priester würde ich im Zölibat leben und daher sollte das keine Rolle spielen. Nach der Matura führte mein Weg sofort ins Priesterseminar. Da mir die Musik immer sehr wichtig war, studierte ich außer Theologie auch noch Gesang an der Musikhochschule.

Nach der Priesterweihe begann ich mit großer Freude in der Pastoral zu arbeiten. Ich kann mich noch gut an das Hochgefühl erinnern, das mich erfüllte, als ich meine erste Pfarre übernahm. So, dachte ich, müsste sich wohl ein Verliebter fühlen! Ich stürzte mich voller Engagement in meine neue Aufgabe und versuchte meine Talente zum Aufbau der Gemeinde und des Reiches Gottes einzusetzen.

Der Zölibat fiel mir leicht, denn ich war ausgefüllt mit Gemeindearbeit, Vorbereitung und Feier der Sakramente, Kinder- und Jugendarbeit sowie nicht zuletzt mit dem Passionsspiel, das in meiner Gemeinde Tradition hatte und alle fünf Jahre das Pfarrleben bestimmte. Drei Saisonen hatte ich schon geleitet und bereitete die vierte vor. Neben all dem war ich zum Dechanten gewählt worden, hatte eine zweite Pfarre dazubekommen und sollte den Diözesan-erneuerungsprozess mittragen.

Doch allmählich geriet ich in einen Zustand der Erschöpfung; meine Gesundheit bereitete mir Probleme mit deutlichem Überge-wicht, Bluthochdruck und drohendem Diabetes. Gleichzeitig wurde aus dem zölibatären Alleinsein, das mir nie sonderlich schwergefallen war, eine belastende Einsamkeit. Damals sagte ich gegenüber einem Freund zum ersten Mal: »Ich bin schwul!«

An diesem Wendepunkt übernahm ich wieder mehr Verantwor-tung für mich selber. Ich sagte öfter Nein, begann Sport zu treiben und nahm 40 kg ab. Ich spürte deutlich die Sehnsucht nach Bezie-hung und Intimität und ließ dieses Sehnen auch zu. So habe ich mit 47 Jahren das erste Mal überhaupt einen anderen Mann geküsst. Au-ßerdem las ich sehr viel zum Thema Homosexualität und Kirche und beschäftigte mich auch theologisch damit.

Mir wurde bald klar, dass ich mein Amt in der Kirche unter diesen Umständen nicht mehr wie bisher würde ausüben können. Wie sollte ich weiter eine Institution vertreten und repräsentieren, die Homo-sexualität als »schlimme Abirrung« bezeichnet und Menschen wegen ihrer sexuellen Orientierung kategorisch zur Keuschheit verpflichtet? Wie sollte ich als Teil dieser Menschengruppe und als Theologe damit umgehen, dass die kirchlichen Begründungen weder dem Stand der Humanwissenschaften noch der biblischen Exegese standhalten? Ich folge daher einem Wort von Papst Franziskus: »Es ist besser, wenn sie das Priesteramt niederlegen, als wenn sie ein Doppelleben führen.«

Wohin mich mein Weg führt und wo Gott einen Platz für mich und meine Berufung hat, wird sich hoffentlich zeigen. Ich mache jetzt einen Universitätslehrgang Kulturmanagement und hoffe, auf diese Weise beruflich wieder auf die Beine zu kommen. Ich führe meinen kleinen Haushalt und versuche, mich gesund zu ernähren und fit zu bleiben. Ich backe seit eineinhalb Jahren mein eigenes Brot in der Hoffnung, es mit einem geliebten Menschen zu brechen und zu teilen.

Ansgar Pippel (geboren 1955, Rentner)

WARUM ICH ALS SCHWULER MANN
KEINE KIRCHE BRAUCHE

Ich stamme aus einer Kleinstadt im Hochsauerland, wo ich als sechstes von acht Kindern geboren wurde. Von Anfang an hatte ich kein leichtes Leben: Mit gerade einmal drei Monaten erkrankte ich so schwer, dass ich beinahe gestorben wäre. Eine Folge dieser Erkrankung bestand in einer dauerhaften Fehlstellung des rechten Auges. Da meine Sehfähigkeit infolgedessen stark eingeschränkt war, hielten mich die anderen Kinder für ungeschickt und dumm. Ich wurde gehänselt, geschlagen und ausgegrenzt.

Hinzu kam, dass ich mich von klein auf anders fühlte als die anderen Jungs: Ich mochte nicht mit ihnen Fußball spielen, hatte andere Interessen und dementsprechend keine Freunde. Stattdessen war ich lieber mit Mädchen zusammen. Wenn ich mit ihnen spielen konnte, fühlte ich mich wohl.

Als ich größer wurde, schickte man mich nach Paderborn auf eine Schule für Blinde und Sehbehinderte. Anfangs fühlte ich mich abgeschoben, doch bald stellte ich fest, dass meine Mitschülerinnen und Mitschüler ganz ähnliche oder noch weit größere Probleme hatten als ich. Das gab mir Auftrieb. Allerdings währte mein Glück nur kurz, denn meine Sehbehinderung war nicht stark genug, um an der Schule bleiben zu können. Ich musste zurück in meine Heimat und das Mobbing ging weiter.

Mein Anderssein versuchte ich so gut wie möglich zu verstecken, um meine Probleme nicht noch größer zu machen. Nach der Schule machte ich eine Ausbildung zum Restaurantfachmann. Ich lernte eine Frau kennen, die ich nur ein Jahr später heiratete. Nach drei Jahren kam unsere Tochter zur Welt, nach weiteren fünf Jahren unser

Sohn. Obwohl nach außen hin alles in Ordnung zu sein schien, ging unsere Ehe schließlich in die Brüche.

Mittlerweile wusste ich, was ich mir lange nicht hatte eingestehen wollen: Ich stand auf Männer, ich war schwul. Dennoch hielt ich die heterosexuelle Fassade weiterhin aufrecht. Zwölf Jahre währte die Beziehung zu einer neuen Partnerin. Doch irgendwann fing ich an, mich heimlich mit Männern zu treffen. Ich hatte mehrere Affären, von denen aber keine lange hielt. Das änderte sich erst, als ich meinen heutigen Mann kennenlernte, zufällig, auf der Arbeit. Es war Liebe auf den ersten Blick.

Mit ihm zusammen erlebte ich zum ersten Mal, was ich in den vorangegangenen Jahrzehnten meines Lebens schmerzlich vermisst hatte: wechselseitiges Verlangen und beiderseitige Vertrautheit, Zuneigung und Zusammenhalt, Ehrlichkeit und Einvernehmen – kurz: echte Liebe. Dass meine Kinder positiv auf mein Outing und meine neue Partnerschaft mit einem Mann reagierten, machte mein Glück vollkommen.

Meine Kindheit und Jugend habe ich in einem stark katholisch geprägten Umfeld verbracht. Der katholische Glaube war allgegenwärtig; was die Kirche lehrte und der Pastor sagte, war Gesetz. Alles hatte seine katholisch geprägte Ordnung. Doch für mich und mein Anderssein war in dieser Ordnung kein Platz. Den Schutz und Halt, den ich damals so dringend gebraucht hätte, habe ich in der Kirche nicht gefunden. Den Schutz und Halt, den ich heute brauche, habe ich anderswo gefunden. Und darum brauche ich auch keine Kirche mehr.

Gregor Podschun (geboren 1990, Bundesvorsitzender
des Bundes der Deutschen Katholischen Jugend)

ICH BIN EIN LERNENDER

Seit meiner Kindheit bin ich in der katholischen Jugendverbands-
arbeit aktiv. Bei den Pfadfinder*innen, in der Landjugend, in der
Katholischen jungen Gemeinde und als Vorsitzender des BDKJ auf
allen Ebenen. Ich bin in einer traditionellen katholischen Familie
aufgewachsen; mein Großvater war Diakon, meine Eltern sehr in
der Gemeinde engagiert. Der Ministrant*innendienst und die Tätigkeit als Sternsinger waren für mich genauso selbstverständlich wie
meine Aktivität als Begleiter von Firmlingen und der Dienst in einer
Jugendbildungsstätte. Mein gesamtes Leben ist vom Katholischsein
geprägt. Dies gestaltet mein Leben, ist Teil meiner Identität.

Lange Zeit stellte sich mir die Frage nach der geschlechtlichen
Identität von Menschen nicht. Ich selbst bin ein heterosexueller cis-
Mann und nicht von Diskriminierung betroffen. Zugleich war es für
mich okay, jedem Menschen die Liebe und Sexualität zuzusprechen,
die sie*er für sich beansprucht. Erst mit dem Eintritt in die aktive
Arbeit beim BDKJ schärfte sich mein Problembewusstsein zum Umgang der katholischen Kirche mit LGBTIQ*-Personen. Dies liegt
nicht zuletzt auch daran, dass ich parallel mein Studium der Sozialen
Arbeit mit dem Schwerpunkt der Geschlechtergerechtigkeit begann
und konkret vom Leid der Menschen erfuhr.

Die Jugendverbände bieten eine Möglichkeit, für Veränderungen
in der Kirche einzustehen und sich als Unterstützer für LGBTIQ*-
Rechte in Gesellschaft und Kirche zu engagieren. Zugleich merkte
ich, wie sehr ich selbst durch meine Unkenntnis und meiner Ver-
wobenheit in ein heteronormatives System Verletzungen verursachte. Ich lernte viele Menschen kennen, die mir neue Perspektiven

eröffneten und mir zeigten, wo mein Denken, Verhalten und Reden
verletzt oder zu eng ist und an welchen Stellen ich mich verbessern
muss.

Ich denke zu oft in alten Mustern und bin gefangen in meinem
Weltbild. Es braucht Menschen, die es für mich öffnen, und ich muss
bereit sein, mich öffnen zu lassen. Das ist eine christliche Haltung:
Neues zulassen, die Zeichen der Zeit erkennen und so die Freiheit
des Gegenübers und zugleich die eigene Freiheit vergrößern.

Und dann kommen die Momente, die mich zum Verzweifeln
bringen: eine Kirche, in der immer und immer wieder Leid geschieht, die die von ihr ausgehende Diskriminierung leugnet, in der
Menschenrechte zur Diskussion gestellt werden und in der Gewalt
systemisch ermöglicht wird; insbesondere eine römische Kirche, der
das Festhalten an Traditionen und Macht wichtiger ist als das ethische Gebot der Menschlichkeit und die Verhinderung von Gewalt.

Daraus retten mich Begegnungen mit Menschen: in den Jugendverbänden, mit anderen Unterstützern, mit Betroffenen, die trotz der
Verletzungen für sich, für andere und auch für ihre Kirche kämpfen.
Das macht Mut, das gibt Kraft, selbst auch weiterzumachen. Und
ich muss weiter lernen, besser werden, meine Sorgen und Ängste teilen, Mut und Hoffnung verbreiten und dafür einstehen, dass unsere
Kirche ein Ort wird, der für alle Menschen gleichermaßen offen ist
und so das wahre Evangelium verkündet – ganz konkret in diesem
Tun.

Peter Priller (geboren 1961,
Priester und Sozialarbeiter)

»HÄTTE ICH ABER DIE LIEBE NICHT ...«

Als ich 1991 im Freisinger Dom die Priesterweihe empfangen habe,
war ich mir meiner sexuellen Orientierung als schwuler Mann längst
bewusst. Mir war auch klar, dass sich das Zölibatsthema für mich
nicht anders stellte als für einen heterosexuellen Weihekandidaten
auch. Ja, ich habe – wie die meisten – die Zölibatsverpflichtung in
Kauf genommen. Ich war ernsthaft der Meinung, dass ich das irgendwie hinbekomme, und wenn's mit der Enthaltsamkeit mal nicht
klappt, dann gehört das zum *»forum internum«*, ist also eine Sache,
die ich mit einem Beichtvater oder einem geistlichen Begleiter in
Ordnung bringen kann. So habe ich gedacht und so denken viele
Weihekandidaten, egal ob sie auf Männer oder Frauen stehen.

Womit ich nicht gerechnet habe, war die Liebe, die ja nach 1 Joh
4,7 von Gott kommt. Also eigentlich habe ich nicht mit Gott gerechnet, muss ich im Nachhinein zugeben. Die Liebe kam an meiner
ersten Kaplansstelle in Bad Tölz in Gestalt eines ungemein attraktiven Schnauzbarts. Schnell hatte ich herausgefunden, wer das ist, und
am Ende meines ersten Jahres haben wir uns getroffen, der Sepp und
ich, bei ihm in seinem alten Haus.

Es war ein langer Abend, ich habe meine Tabakspfeife mehrmals
heiß geraucht, und als ich um 3 Uhr morgens zurück zum Pfarrhof
gegangen bin, war mir klar, dass sich mein Leben jetzt verändern
würde. Natürlich schmeißt man dann seinen ganzen Lebensentwurf
nicht gleich über Bord. Es folgten erst mal drei Jahre der Heimlichkeit. Aber irgendwann war uns beiden klar, dass eine Entscheidung
fallen musste. Ich entschied mich für die Liebe und bat um einen
Termin bei meinem Erzbischof. Dann nahm die Sache ihren Lauf ...

Was mir damals aber auch klar war: Priestersein, Seelsorgersein, und zwar an der Basis, das war das Meine, das war meine Berufung. Und ich hatte als Theologe den Kirchenbegriff so weit reflektiert, dass mir klar war, dass die Kirche als solche in den konfessionellen Kirchen zwar »subsistiert«, dass aber keine konfessionell verfasste Kirche für sich allein die Kirche Jesu Christi ist – auch nicht die römische Kirche. Ich erinnerte mich, dass ich mich schon als Student am Ende einer Kirchengeschichtsvorlesung richtig aufregen konnte über die Art und Weise, wie die Dogmen der päpstlichen Unfehlbarkeit und des päpstlichen Jurisdiktionsprimats auf dem Ersten Vatikanischen Konzil durchgepeitscht worden sind.

So lag der Weg zur alt-katholischen Kirche nahe. Für mein Empfinden war das nur ein Wechsel von einem katholischen Bistum in ein anderes, sehr viel freieres. Nun, die bezahlten Pfarrstellen im alt-katholischen Bistum in Deutschland sind wenige und ich wäre auch nicht bereit gewesen, irgendwo anders hinzugehen. So wurde ich als »Priester mit Zivilberuf«, wie es damals hieß, ehrenamtlich als Seelsorger tätig und bin es bis heute – mit Leidenschaft. Ich liebe meine alt-katholische, etwas alternative Gemeinde und bin mit den Leuten inzwischen zusammengewachsen.

Als viel später vom Staat die eingetragene Lebenspartnerschaft etabliert wurde, sind wir, Sepp und ich, diese auch eingegangen – mit dem Segen unserer Kirche. Insgesamt währte unser Zusammensein 17 Jahre, bis dass der Tod uns geschieden hat. Und ja, ich würde diesen Weg heute genauso wieder gehen. Denn es war und ist der Weg der Liebe. Und »hätte ich die Liebe nicht, wäre ich dröhnendes Erz oder eine lärmende Pauke« (1 Kor 13,1).

Dr. Matthias Remenyi (geboren 1971,
Professor für Fundamentaltheologie)

DREI TAGE IM FRÜHJAHR 2021

Das erste Datum ist der 22. Februar 2021. An diesem Tag wurde die Note der Glaubenskongregation gezeichnet, die – veröffentlicht am 15. März 2021 – die Segnung gleichgeschlechtlicher Partnerschaften verbietet. Dieses Datum ist gewiss kein Zufall. Der 22. Februar ist das Fest der Kathedra Petri, das Fest des römischen Lehramts selbst. Schon die Wahl des Datums zeigt: Rom macht mit diesem Responsum, mit dieser Antwort auf eine von wem auch immer eingereichte Zweifelsfrage unmissverständlich klar, wer das Sagen hat. Dabei geht es mitnichten nur um die Frage, ob diese Segnungen eine allzu große theologische und liturgische Nähe zum Sakrament der Ehe aufweisen. Sondern es geht um die Geltung der katholischen Sexualmoral, die Homosexualität als nicht schöpfungsgemäß ablehnt. Während die homosexuelle Person selbstredend von Gott geliebt und also auch zu segnen sei, sei die Segnung gleichgeschlechtlicher Partnerschaften unmöglich, weil die in einer solchen Verbindung vollzogenen sexuellen Akte nicht gutzuheißen, sondern vielmehr als nicht gottgewollt abzulehnen seien. Doch die Unterscheidung von Person und Akt trägt nicht. Es ist doch die Herzmitte der homosexuellen Person selbst, ihre ganze Liebe, ihre Sehnsucht und ihr innerstes Verlangen, die da zum Ausdruck kommen und die kirchlicherseits verurteilt werden! Diese Kirchenlehre ist diskriminierend. Sie muss verändert werden. Alle kirchenoffiziösen Wertschätzungsbekundungen gegenüber Lesben, Schwulen und anderen queeren Menschen sind Schall und Rauch, solange diese Setzungen unangetastet bleiben.

Mein zweites Datum ist Montag, der 22. März 2021. Genau eine Woche nach Veröffentlichung des Responsums wurde eine

Stellungnahme von Professorinnen und Professoren der katholischen Theologie online gestellt, die den römischen Text als diskriminierend zurückweist und die dort inkriminierten Segnungsfeiern ausdrücklich begrüßt. Bei Erstveröffentlichung hatten 212 gezeichnet, inzwischen sind es über 280 Kolleginnen und Kollegen aus dem deutschen Sprachraum geworden. Auch ich habe unterschrieben – aus Respekt vor den schwulen und lesbischen Kolleginnen und Kollegen im professoralen wie im geistlichen Amt. Aus Respekt vor den homosexuellen Menschen und Paaren, auch in meinem engen Freundeskreis. Aus Respekt schließlich vor meinem ehemaligen Mitarbeiter Ruben Schneider, der sich in einem von mir mit herausgegebenen Sammelband zur MHG-Studie geoutet und so biografisch wie wissenschaftlich alles auf eine Karte gesetzt hat. Der Protest vonseiten der theologischen Wissenschaft war wichtig, zuvörderst natürlich als Zeichen der Solidarität. Letztlich geht es dabei um die Frage, wie die Kirche zu den Menschenrechten steht, insbesondere zum Recht auf Integrität der Person und auf sexuelle Selbstbestimmung.

Das dritte Datum, das mir in den Sinn kommt, ist der 10. Mai 2021. An diesem Tag fanden unter dem Motto #liebegewinnt trotz römischen Verbots deutschlandweit solche Segnungsgottesdienste statt. Auch in Würzburg in der Augustinerkirche. Ich habe teilgenommen und war tief berührt. Denn allen Unkenrufen zum Trotz hat an diesem Tag tatsächlich die Liebe gewonnen. Vor mir saß ein älteres Paar, zusammen, wie ich vermutete, mit ihrem Sohn und Schwiegersohn. Sie waren so stolz aufeinander, so glücklich miteinander und darüber, gemeinsam hier zu sein. Die Liebe hatte gewonnen. Zumindest an diesem Tag, an diesem Ort. Und ich? Ich habe an meine Frau gedacht, die gerade mit Migräne im Bett lag, an den Weg, den wir gemeinsam gegangen sind und an das, was wohl noch vor uns liegen mag. Dann bin ich zu einem der Seelsorger getreten, habe mich brav in die Reihe gestellt, und als ich dran war, habe ich um den Segen gebeten.

Katrin Richthofer (geboren 1970,
Regisseurin und Eventmanagerin)

MEINE LESBISCHE TOCHTER KANN SICH
MEINER UND GOTTES LIEBE GEWISS SEIN

Meine (Stief-)Tochter Cosima hat mit 15 Jahren verkündet, dass sie
»auf keinen Fall hetero« sei. Glücklicherweise war ihr dabei klar, dass
kein Outing der Welt auch nur das Geringste an unserer Liebe zu
ihr verändern würde: »Du bist geliebt – genau so, wie du bist und
fühlst!«

Seit sie denken kann, ist die katholische Kirche für sie ein zweites
Zuhause. Mittlerweile ist sie Oberministrantin und hat ihre JuLeiCa
gemacht, um mit Kindern arbeiten zu können: eine Vorzeigekatho-
likin. Bislang. Spätestens mit dem vatikanischen Segnungsverbot für
gleichgeschlechtliche Paare war es dann aber amtlich: Die ihr von
Gott gegebene Möglichkeit zu lieben ist für die katholische Kirche
sündhaft.

Dabei war das Nicht-hetero-Sein für sie ohnehin schon eine große
Herausforderung: Wie reagieren Familie und Freunde darauf? Wie
werde ich einmal die heiß ersehnte Familie gründen können? Welche
Länder sollte ich besser meiden, wenn ich mal mit meiner Partnerin
in den Urlaub fahren will? Und dann erzählen ihr auch noch irgendwelche Katholiban aus Rom, dass ihre Form zu lieben sündhaft sei.

Dass es in der katholischen Kirche einen sehr unterschiedlichen
Umgang mit Brüchen gibt, musste sie schon nach der Scheidung
ihrer Eltern erleben: Als ihr Vater sich mit ihr auf den bisherigen
Stammplatz in der Kirche setzte, mussten sich die jahrelangen
Banknachbarn von anderen Kirchgängern fragen lassen, warum sie
sich nicht weggesetzt hätten. Auf »Gnade« wagte sie also nur bedingt
zu hoffen.

Katholisch und LGBTIQ*-Sein im Jahre 2021 ist sicher keine besonders dankbare Kombination. Meine Antwort auf ihre Zweifel war daher eine ganz praktische: Als Mitglied von Maria 2.0 habe ich einen #liebegewinnt-Gottesdienst mitorganisiert. Es war ein wunderschöner Gottesdienst und zugleich ein deutliches Zeichen an alle Teilnehmenden und Cosima: »Du bist ein Segen!«

Erschreckend waren für mich aber die Drohungen und Beschimpfungen, die es im Vorfeld des #liebegewinnt-Gottesdienstes und als Reaktion darauf gab: »Dafür werdet ihr büßen!«, »Ihr habt Satan in die Kirche gelassen!« und so weiter. Erfahrene Homosexuelle winkten ab: »Das ist ganz normal!«

Seither gab es viele weitere Gespräche mit Cosi. Ich wollte ihr Argumente mitgeben, um zumindest die unbedarften, nicht wirklich böse gemeinten Angriffe abfangen zu können: »Nein, in den immer wieder zitierten Bibeltexten geht es nicht um homosexuelle Liebe.« Was ich sonst tun kann? Bedingungslos lieben! Cosi immer in den Arm nehmen, wenn wieder irgendwoher ein dummer Kommentar kommt. Und um einen Kurswechsel zumindest der katholischen Kirche in Deutschland kämpfen!

Warum ich selbst – Tochter einer Religionslehrerin, Altcusanerin, NDerin – weiter katholisch bleiben will? Weil ich nun mal katholisch bin – immer noch, trotz Scheidung, trotz Ausgrenzung, trotz vieler Missstände. Weil mir immer wieder wunderbare Menschen begegnet sind, die mir Kirche zur Heimat gemacht haben. Ich betrachte es als meine Aufgabe, möglichst vielen Menschen die Chance zu geben, Kirche (wieder) als Heimat zu erleben – ganz egal, wer sie sind, wie sie empfinden und ob sie, woran auch immer, gescheitert sind.

Das ist die Botschaft, die ich Cosi mitgeben möchte: »Lass dir von einer Kirche nicht deinen Glauben kaputtmachen! Gott hat dich genau so geschaffen, wie du bist, und liebt dich bedingungslos! Sei dir seiner und meiner Liebe allezeit gewiss! Und geh verantwortungsvoll den Weg, von dem du überzeugt bist, dass er Liebe und Freude in dein Leben und das Leben anderer bringt! Punkt.«

N. N. (geboren um 1965, Priester und Publizist)

GOTT HAT MICH ZUM SCHWULSEIN UND ZUM PRIESTERSEIN BERUFEN

Ich bin Priester. Und ich bin schwul. Beides empfinde ich nicht als Widerspruch – im Gegenteil: Beides gehört für mich zusammen. Ich bin beides; und beides bin ich. Und darum möchte ich auch nichts anderes sein als das, was ich bin: Es fühlt sich gut und richtig an, dass ich Priester bin, es fühlt sich gut und richtig an, dass ich schwul bin. Ich glaube ganz fest: Beides kommt von Gott, beides ist von Gott gewollt, in beidem zeigt sich, wie Gott mich will und was Gott von mir will. Beides ist meine Berufung.

Beides betrachte ich darum auch als Gnade, als Geschenk, wenn nicht sogar als Privileg – als Privileg aber nicht in dem Sinn, dass ich mir etwas darauf einbilde. Beides ging schließlich nicht aus meinem eigenen Wollen und Tun hervor, sondern aus dem Willen und Tun Gottes. Ich habe mir nicht ausgesucht, Priester werden zu sollen, und ich habe mir nicht ausgesucht, schwul zu sein. Als Privileg betrachte ich beides aber dennoch, denn in beidem kommt Gottes Vorsehung, Gottes Zutrauen, Gottes Liebe zum Ausdruck.

Ich bin also mit Gott im Reinen und ich bin mit mir im Reinen. Mit der Kirche hingegen bin ich nicht im Reinen. Denn wenn es nach der Kirche ginge, sollte ich gar nicht Priester sein. Auch wenn ich damals bereits Priester war, hat es mich verärgert, verstört und verletzt, dass die Kongregation für das katholische Bildungswesen am 4. November 2005 eine Instruktion erlassen hat, derzufolge die Kirche jene Menschen nicht »zu den heiligen Weihen zulassen kann, die [...] tiefsitzende homosexuelle Tendenzen haben«.

Dass Schwule nicht Priester werden dürfen oder, wenn sie es bereits sind, eigentlich nicht sein sollten, wird in der Instruktion

damit zu begründen versucht, dass »die negativen Folgen, die aus
der Weihe von Personen mit tiefsitzenden homosexuellen Tendenzen
erwachsen können, [...] nicht zu übersehen« seien. Das ist allerdings
keine Begründung, sondern lediglich eine Behauptung – und zwar
eine leere Behauptung, da die Instruktion jede Auskunft darüber
schuldig bleibt, worin diese angeblichen negativen Folgen denn nun
bestehen.

Träfe diese Behauptung zu, müssten diese negativen Folgen im
Wirken all der schwulen Priester, die es nun einmal gibt und vermut-
lich immer gab, offensichtlich sein. Seriöse Schätzungen gehen da-
von aus, dass ein Drittel bis deutlich über die Hälfte der katholischen
Priester schwul ist. Auch wenn schwerlich zu bestreiten ist, dass das
Wirken mancher Priester nicht nur positive, sondern auch negative
Folgen hat, gilt dies keineswegs nur für schwule Priester – und nichts
davon ist die unmittelbare Folge ihres Schwulseins.

Mit der haltlosen Behauptung, dass die Weihe von Schwulen
negative Folgen hätte, tritt die Kirche die Lebensleistung all der
schwulen Priester, die es je gegeben hat, mit Füßen. Sie vermittelt
den schwulen Priestern, die es derzeit gibt, das schmerzliche Gefühl,
eigentlich nicht sein zu sollen, was sie sind. Und sie hält so manche
Schwule, die sich zum Priestertum berufen fühlen, davon ab, ihrer
Berufung zu folgen. Negative Folgen hat also nicht die Weihe von
Schwulen, sondern – ganz im Gegenteil – deren Ablehnung.

Dennoch frage ich mich manchmal, ob ich als Schwuler Priester
sein sollte. Ich frage mich das, obwohl ich mich zu beidem, zum
Priestersein wie zum Schwulsein, von Gott berufen weiß, und obwohl ich beides gerne bin. Ich frage mich das, weil es mir zunehmend schwerfällt, mich zu einer Kirche zu bekennen und für eine
Kirche zu arbeiten, die Menschen wie mich andauernd verunglimpft,
verunsichert und verletzt. Warum mache ich weiter? Vielleicht um
zu beweisen, dass es doch nicht nur negative Folgen hat, wenn ein
Schwuler Priester ist.

N. N. (geboren 1970, Ärztin)

ALS TRANSGENDER LEBTE ICH LANGE WIE HINTER EINER MASKE

Ich bin eine katholische Transfrau. Erst vor Kurzem wurde meine Identität als Transgender amtlich anerkannt. Seither befinde ich mich im Übergang. In meiner polnischen Heimat werden Transpersonen als Menschen zweiter Klasse behandelt. Schuld daran ist nicht zuletzt die katholische Kirche.

Meine negativen Erfahrungen mit der katholischen Kirche begannen bereits in meiner frühen Jugend. Als ich in den Kindergarten kam, konnte ich noch nicht sprechen. Aus diesem Grund wurde ich von den Ordensfrauen, die den Kindergarten leiteten, häufig geschlagen.

Mein Anderssein als Transgender habe ich seit meiner Kindheit hinter einer Maske verborgen. Ich lebte in ständiger Angst, dass es herauskommen könnte. In meiner Angst habe ich immer wieder zu Gott gebetet, er möge mir helfen. Über lange Zeit hinweg empfand ich starke Schuldgefühle. Ich dachte, dass mein Anderssein eine Strafe Gottes war – ich wusste aber nicht, wofür.

Die Kirche war mir dabei keine Hilfe – im Gegenteil. Mein Anderssein wurde nicht ernst genommen oder als pervers hingestellt. »Du wirst das schon überwinden«, bekam ich in der Beichte immer wieder zu hören. Um das zu erreichen, erlegten mir manche Priester besonders schwere Bußen auf.

Nachdem ich meine Identität als Transfrau öffentlich gemacht hatte, bekam ich von Priestern und Mitgliedern meiner katholischen Gemeinde immer wieder zu hören: »Sie sollten nicht hier sein! Sie gehören nicht hierher! Hier ist nicht der richtige Platz für Sie!« Weil die katholische Kirche meine Identität als Transgender ablehnt, tun dies auch meine eigenen Eltern – bis heute.

In meiner polnischen Heimat herrscht ein extrem LGBTIQ*-feindliches Klima, nicht nur in der Gesellschaft, sondern auch und besonders in der katholischen Kirche. Viele Priester betreiben eine regelrechte Anti-LGBTIQ*-Kampagne. Sie hängen Plakate mit Anti-LGBTIQ*-Parolen in die Schaukästen ihrer Gemeinden. In ihren Predigten werben sie offen für LGBTIQ*-feindliche nationalistische und rechtspopulistische Organisationen. Viele meiner Freundinnen und Freunde, die sich aufgrund ihrer Zugehörigkeit zur LGBTIQ*-Community diskriminiert und verletzt fühlen, haben mittlerweile ihren Kirchenaustritt erklärt. Manche von ihnen stehen der Kirche aus verständlichen Gründen ablehnend, wenn nicht sogar feindselig gegenüber.

Ich selbst bin aber nach wie vor katholisch und möchte das auch bleiben, denn der katholische Glaube ist mir sehr wichtig. Aber leider darf ich in der Kirche nicht ich selbst sein – die Person, die ich nun einmal bin. Ich fühle mich diskriminiert, ausgegrenzt und verstoßen.

Trotzdem gebe ich die Hoffnung nicht auf, dass Gott die verhärteten Herzen der LGBTIQ*-feindlichen Menschen erweichen kann. Und so bete ich oft: »Du sendest deinen Geist aus: Sie werden erschaffen und du erneuerst das Angesicht der Erde« (Ps 104,30). Ganz besonders hoffe ich, dass Gott auch das Angesicht der Erde in meiner polnischen Heimat erneuert!

Cleo Schmitz (geboren 1970, IT-Lehrerin)

DIE KIRCHE LEHNT MICH ALS TRANS AB – MEINE PFARRGEMEINDE NICHT

Es hat lange gedauert, bis ich verstanden habe, dass ich trans bin.

Ich war aktiv in unserer Pfarrgemeinde und Mitglied im örtlichen Gemeinderat, als ich angefangen habe, in meinem Umfeld offen davon zu erzählen, dass ich eine Frau bin. Zuvor hatte ich lange überlegt, was das für meine Situation in Gemeinde und Pfarrgemeinde bedeuten würde.

Als ich mit unserem Pfarrer darüber sprach, war seine wichtigste Frage: »Was sagt Ihre Familie dazu, Ihre Frau und Ihre Kinder?« Nachdem ich ihm erklärt hatte, dass ich schon mit ihnen gesprochen hätte und weder sie noch ich seelsorgliche Unterstützung bräuchten, war für ihn die Sache erledigt: Menschen, die sich gegenseitig lieben und unterstützen und vorsichtig miteinander umgehen, sind kein Problem, in das er sich einmischen müsste.

Mein Gespräch mit der Gemeinderatsvorsitzenden lief ähnlich. Ich erklärte mich bereit, gegebenenfalls von meinem Amt zurückzutreten, falls es Probleme geben sollte. Ihre Reaktion war eindeutig: »Cleo, die Gemeinde hat dich nicht als Mann oder als Frau gewählt, sondern als Mensch.«

All diese Reaktionen haben dazu geführt, dass ich im September 2020 bereit war, dem ganzen Gemeinderat zu sagen, dass ich eine Transfrau bin. Infolge der Coronakrise und der geltenden Abstandsregeln fand die Sitzung nicht, wie üblich, im Gemeindesaal statt, sondern in der Kirche. Und weil auch über Themen gesprochen werden sollte, die die Pfarrgemeinde betrafen, waren statt der 12 Gemeinderatsmitglieder an die 50 Personen anwesend.

Die Sitzungen des Gemeinderats sind ja öffentlich. Und so stand ich vorne mit einem Mikrofon in der Hand und fragte mich: »Was soll ich sagen?«

Zum Glück hatte ich vorher genug Gelegenheit gehabt nachzudenken. Außerdem hatte ich mich erkundigt, ob es vielleicht verständnisvolle Aussagen vonseiten der Kirche zur Transidentität gäbe. Vielleicht hatte ja Papst Franziskus etwas Nettes dazu gesagt. Aber je mehr ich über die offizielle Position der Kirche erfuhr, desto besorgter wurde ich: »Papst verurteilt Transgender-Ideologie«, hieß es da zum Beispiel. Meine Erkenntnis, dass ich mein Leben nur als Frau weiterleben kann, ist aus offizieller kirchlicher Sicht »eine Entscheidung, die die Gefahr birgt, die Beziehung zwischen Mann und Frau zu gefährden«. Wenn das jemand aus der Pfarrgemeinde gelesen hatte, dachte ich, dann brauche ich dort nicht wieder aufzutauchen.

Aber warum tue ich mir das alles überhaupt an? Schon immer waren Kirche und Pfarrgemeinde Schwerpunkt meines sozialen Lebens: als Messdiener, als Mitglied katholischer Jugendgruppen, im Rahmen der Firmkatechese, im Kreis der Kommunionhelfer*innen und Lektoren*innen sowie aktuell im Pfarrgemeinderat. Sollte ich das alles aufgeben müssen für die Möglichkeit, mein Leben authentisch zu leben? Es gab jedoch keine andere Möglichkeit: Ich musste es versuchen.

Zum Glück wurde mein Coming-out in der Gemeinde gut aufgenommen. Ich habe viel Zuspruch und Unterstützung erfahren. Wenn mich jemand aus der Gemeinde versehentlich oder absichtlich mit der falschen Geschlechtsbezeichnung anspricht, kann ich darauf zählen, dass die betreffende Person von anderen schnell und freundlich korrigiert wird – oft noch schneller, als ich selber reagieren kann: »Das ist *Frau* Schmitz!« Dafür bin ich sehr dankbar.

Dr. Ruben Schneider (geboren 1978,
wissenschaftlicher Mitarbeiter)

IN DER EINSAMKEIT HÖRT DICH
NIEMAND SCHREIEN

Ich bin schwul und katholisch. Ich bin Überlebender des psychischen Missbrauchs durch den Schwulenhass der katholischen Lehre. Homosexuelle Handlungen werden etwa im Schreiben der Kongregation für die Glaubenslehre »über die Seelsorge für homosexuelle Personen« vom 1. Oktober 1986 als »objektiv ungeordnet« und intrinsisches Übel verdammt; demnach gilt auch die homosexuelle Veranlagung, unabhängig von ihrem tatsächlichen Ausleben, als eine »objektiv ungeordnete Neigung«. Das heißt, die homosexuelle Orientierung ist für das Lehramt eine Hinordnung auf ein intrinsisches Übel. Im Innersten der eigenen Seele gärt also ständig das unfreiwillige Verlangen nach dem Bösen: Das Höchste, die Liebe, verkehrt sich in das Schrecklichste, in den Abgrund der Gottesferne.

Diese Verdammung des innersten Gefühlslebens homosexueller Menschen kann in einer katholischen Sozialisation auf gleichgeschlechtlich veranlagte Pubertierende wirken, noch bevor ihre Homosexualität erwacht. Sie verinnerlichen das Tabu der Lehre unhinterfragt und unbewusst, bevor sie sich überhaupt gegen dieses Tabu wehren können. So erging es auch mir. Ich habe mein innerstes So-Sein als falsch, eklig, widernatürlich und widerwärtig empfunden. Als etwas, das man verschweigen muss. An die Stelle von Liebe und Selbstliebe traten toxischer Selbsthass sowie Schuld- und Schamgefühle. Man nennt dies in der psychologischen Fachsprache internalisierte Homonegativität. Internalisierte Homonegativität verursacht in Teenagerjahren tiefe Entwicklungsstörungen: Die Identitätsbildung und Selbstwerdung der Jugendlichen ist gestört, in der entscheidenden

Reifungsphase entsteht kein gesundes und authentisches Selbstverhältnis. Dies kann zu einem Trauma werden, das sich tief in die Nervenbahnen einschreibt und so das ganze Erwachsenenleben weiterwirkt. Die meisten LGBTIQ*-Jugendlichen konnten nie authentische Liebe erfahren: Alle Liebe, selbst die der Eltern, erreichte nicht ihr authentisches Selbst. Die Langzeitfolgen können vielfältig sein.

In dieser inneren Leere und in der äußeren Einsamkeit einer Lebenswelt, die Homosexualität tabuisiert, hört einen niemand schreien. Ich war alleine. Ich war innerlich kaputt, ich schaffte die Schule nicht mehr. Es schloss sich eine Kaskade von gescheiterten Ausbildungen an, bis ich irgendwann aus schierem Trotz das Abitur extern machte, das ich mit Ach und Krach gerade so schaffte.

Fromm wie ich war, wollte ich danach in einen Orden eintreten. Im Aufnahmeverfahren wurde jedoch ein psychologischer Test angekündigt, der unter anderem mit besonderen Methoden prüfen sollte, ob man homosexuell sei. Es war die Zeit der ersten Missbrauchsskandale in den USA. Nachdem die Kirche mir mein ganzes bisheriges Leben beibrachte, meine sexuelle Orientierung zu verbergen und zu hassen, wurde mit einem solchen »Schwulentest« jetzt auf einmal eine unfreiwillige und kalte Bloßstellung angedroht. Dies alles war psychische Gewalt. Sie zerschmetterte meine fragilen Selbstschutzmechanismen und verursachte eine schwere Angststörung, die mit Suizidalität einherging.

Bis heute leide ich an dieser Lebensphase. Dass ich es geschafft habe, erfolgreich zu studieren und heute als wissenschaftlicher Mitarbeiter zu arbeiten, grenzt eigentlich an ein Wunder. Für die Zukunft wünsche ich mir ein klares Ende der Diskriminierung und dass Priester, Theolog*innen und kirchliche Mitarbeiter*innen das LGBTIQ*-Thema nicht bloß zu symbolischem Aktivismus oder gar zur kirchenpolitischen Selbstprofilierung benutzen, sondern dass wir in alltäglicher Kärrnerarbeit eine kirchliche Lebenswelt schaffen, in der jede*r offen zu sich stehen kann. Denn nur so besiegen wir die Leere des Tabus.

QUO VADIS?

Manchen Leser*innen kommt bei diesem Titel vermutlich der beeindruckende Film aus dem Jahre 1951 in den Sinn, mit Sir Peter Ustinov in der Rolle des Kaisers Nero, oder auch die Legende, die diesem Filmtitel zugrunde liegt: Als Petrus vor seinen Verfolgern aus Rom fliehen wollte, traf er auf Jesus, den er erstaunt fragte: »*Domine, quo vadis?*« – zu Deutsch: »Herr, wohin gehst du?« Jesus soll daraufhin geantwortet haben: »Ich gehe nach Rom, um mich erneut kreuzigen zu lassen« – was Petrus als Aufforderung verstand, selbst umzukehren und sich dem Martyrium zu stellen.

Als ich gebeten wurde, einen Beitrag für dieses Buch zu schreiben, sagte ich spontan und begeistert zu. Doch dann, als ich mich näher damit beschäftigte, als ich mich näher mit mir selbst befassen musste, wurde es schwer. Lange vergessene Wunden brachen wieder auf. Ein nun über 30-jähriger Weg, gepflastert mit Angst, Versteckspiel und innerer Zerrissenheit – was sich vielleicht auch latent in diesen Zeilen widerspiegelt – wollte gleichzeitig mit dem Schreiben aufgearbeitet werden. Habe ich den Mut, diesen Artikel unter meinem Namen zu veröffentlichen? Nein, so weit sind wir hier auf dem Land und in den verschiedenen Pfarreien, in denen ich tätig bin, leider noch nicht.

»*Quo vadis?*« – das frage ich mich seit meiner Jugend jeden Tag aufs Neue. Anders gefragt: »Wie weit gehst du?«, wie weit lasse ich die mir in Chören und Gruppierungen anvertrauten Menschen an mir, an meiner Person und meinem Leben, teilhaben? Ab wann wird es beruflich riskant?

Tatsache ist: Es gibt mich – und es gibt mich nur einmal. Ich bin der, als den Gott mich mit all meinen Fehlern und Schwächen, aber auch mit einigen Talenten und Fähigkeiten, geschaffen hat. Kann ich mich teilen, mich verstellen? Nein, das kann ich nicht. Mit zunehmendem Alter will ich das auch nicht mehr. Wenn ich musiziere, dann tue ich das als der, der ich bin. Kann denn eine Orgel schwul klingen? Das ist doch absurd!

Trotzdem verstecke ich mich, meine Gedanken, meine Gefühle, meine Sehnsüchte. Seit vielen Jahren. Tag für Tag. Aus Sorge – denn das, was ich liebe und für das ich lebe – die Kirchenmusik –, will ich nicht verlieren. Diese Zerrissenheit, diese Sorgen und Ängste lassen sich nicht weglächeln.

Andererseits ist es ein mehr oder weniger offenes Geheimnis, dass ich schwul bin. Manche wissen es, viele vermuten es, aber keiner spricht darüber. Trotzdem werde ich geduldet und akzeptiert. Hauptsache, die Orgel spielt und der Chor singt. Was aber ist mit der Person, die hinter dem Orgelspiel und dem Chorgesang steht?

Ich liebe und lebe für die Kirchenmusik, sie ist meine Bestimmung von Kindesbeinen an. Ich liebe das katholische Hochamt mit all seiner Mystik, den Pomp bei feierlichen Messen, alles, was eine gute und würdige Liturgie aufzubieten hat, aber ebenso auch die bescheidene, fast intime Werktagsmesse mit wenigen Besuchern. Ich liebe die besonderen Zeiten im Kirchenjahr, besonders die Heilige Woche mit der so intensiven Feier von Leiden, Tod und Auferstehung Christi.

Aber gehöre ich – so wie ich bin – wirklich dazu? Wieso übertrug Gott mir das musikalische Talent, gleichzeitig aber auch das Stigma der Homosexualität? »*Quo vadis?*«, frage auch ich mich. Ich wünsche mir, dass Mutter Kirche eine wirkliche Mutter ist, die all ihre Kinder liebt – so wie meine Eltern, die zwar nicht begeistert waren, als ich mich ihnen gegenüber (viel zu spät) outete, die mich aber trotzdem lieben, annehmen, stützen und unterstützen. Wenn die Kirche ebenso handelte, wäre sie auf dem richtigen Weg – dem Weg, den Jesus uns gewiesen hat: dem Weg der Liebe.

Dr. Thomas Schüller (geboren 1961,
Professor für Kirchenrecht)

MEIN SCHWULER »KLEINER« BRUDER

Ich stamme aus einer kinderreichen katholischen Familie. Vier Brüder und eine leider schon verstorbene Schwester. Mein jüngster Bruder, den wir nur den Kleinen nennen, weil er halt trotz seiner 55 Jahre der Jüngste ist und bleibt, ist schwul und lebt seit über dreißig Jahren mit meinem katholischen Lieblingsschwager, inzwischen auch nach Verpartnerung im Upgrade verheiratet, zusammen. Noch Fragen? Nun: bei einem Vater Jahrgang 1919, bis in die Knochen als Kind seiner Zeit konservativ-katholisch denkend, brauchte es lange Zeit, bis unser Bruder offen über seine Homosexualität und seinen Partner erzählen konnte. Meine noch lebende Mutter benötigte den klugen Rat unseres Pastors, um mit dieser Situation umgehen zu können. Heute wüsste sie gar nicht mehr, wie sie ohne die einfühlsame und liebevolle Pflege durch unseren Schwager, der uns Brüder mehr als tatkräftig in der Sorge um unsere hochbetagte Mutter unterstützt, ihren beschwerlichen Lebensabend und Alltag leben könnte. Er ist zu ihrem fünften Sohn und uns zum Bruder geworden.

Warum ich das erzähle? Nun: Als Bischof Franz Kamphaus einen Ansprechpartner für das bis heute existierende »Projekt: schwul und katholisch in Maria Hilf« in Frankfurt suchte, kam er auf mich als seinen Kirchenrechtler und persönlichen Referenten zu. Klar: Wie oft mussten wir wegen schriftlicher Denunziationen dieses Projekts durch vermeintlich konservative Vorzeigekatholiken in Rom bei Kardinal Ratzinger dessen besorgte Briefe um die Reinheit der katholischen Sexualmoral und vor allem der heiligen Liturgie im Bistum Limburg beantworten. Aber mein Bischof schickte mich zu diesem Projekt auch mit dem Hinweis, ich würde mich ja durch meinen

Bruder schon mit diesen Christinnen und Christen auskennen. Bis heute fühle ich mich mit allen Mitstreiterinnen und Mitstreitern aus dieser Zeit in Frankfurt in diesem Projekt eng verbunden, die schwulen Katholiken und lesbischen Katholikinnen eine geistliche Heimat gaben und geben. Am 29. August 2021 verlieh die katholische Stadtkirche in Frankfurt an einen der Gründer dieses Projekts, Georg Trettin, ihre höchste Auszeichnung, die Bartholomäusplakette. Man könnte meinen, homosexuelle Katholiken*innen seien in der Mitte der Kirche angekommen.

Leider stimmt das nicht: Immer noch wird schwulen und lesbischen Katholiken*innen, durchaus auch in sonst sich liberal gerierenden katholischen Milieus, mit Argwohn und Bedenken begegnet. Der nun wirklich harmlosen und doch so wirkmächtigen Forderung nach der Segnung von gleichgeschlechtlichen Paaren wird mit dem absurden »Argument« begegnet, man wolle doch nicht das Ideal einer verschiedengeschlechtlichen Ehe in Gefahr bringen. In einer Kirche und auch in einer Gesellschaft, die trotz ihrer ostentativ zur Schau getragenen Liberalität in ihren Tiefenschichten von einem binären Geschlechtermodell von Sexualität bestimmt ist, gären homophobe Ressentiments, für die ein Funken ausreicht, um sie zum Brennen zu bringen. Ungarn oder Georgien sollten uns warnende Beispiele sein.

Und das Kirchenrecht: Es sichert den Rahmen für lehramtliche Entscheide wie den, dass schwule Männer nicht zu Priestern geweiht werden dürfen oder bei einer verkündigungsnahen Aufgabe arbeitsrechtliche Probleme bekommen, wenn sie sich nach staatlichem Recht verehelichen. Geltendes Recht, das man nicht durch wohlfeile Sonntagsreden aus der Welt schaffen kann. Da das Recht der Lehre folgt, braucht es mutige Schritte bei der Änderung der katholischen Lehre. Mit Mitleid, Takt und Feingefühl ist es schon lange nicht mehr getan. Schwule und lesbische Katholiken*innen leben in ihren dauerhaften Beziehungen die Liebe Gottes, die sittlich gut ist. Sie sind Ebenbilder Gottes und unsere Schwestern und Brüder – ohne jeden Abstrich.

Martin Speer (geboren 1986, Autor und Politikberater)

ÜBER DIE ZWEIFEL, DIE LIEBE UND DEN UNVOLLENDETEN PETERSDOM

»Wie kannst du nur darüber nachdenken, katholisch zu werden – gerade du als schwuler Mann und bekennender Feminist?« Diese Frage höre ich immer wieder, wenn ich öffentlich oder privat darüber spreche, wie tief mich christlicher Glaube und die katholische Kirche berühren. Doch vielleicht gerade weil ich bin, wie ich bin, passen die Dinge so gut zusammen. Und zwar weit besser, als man es sich selbst, aber auch der Kirche zugestehen mag. Ich bin auf dem Weg, katholisch zu werden.

All das kommt nicht von ungefähr. Seit frühester Kindheit üben Glaube und Kirche eine tiefe Faszination auf mich aus. Auch wenn ich in einem protestantisch geprägten Umfeld groß geworden bin, so ist es bis heute die katholische Kirche, deren Tradition, Lehre, Liturgie und Lebensweise, die sowohl mein Herz als auch meinen Kopf berühren. Es ist schwer in Worte zu fassen, was ich da verspüre. Doch müsste ich es auf drei Wörter herunterbrechen, wären sie: Liebe, Frieden und Bewegung. Ich fühle mich von Gott umfänglich geliebt, finde Frieden in der Kirche und der Gemeinschaft und werde zugleich zu Bewegung alias Fortschritt und Wachstum angestiftet.

Doch genau Letzteres ist es, was mich zugleich mit der Kirche hadern lässt und von ihr distanziert. Wie kann die Spitze einer Institution, die auf einem Glauben gründet, der von uns allen Fortschrittsbereitschaft, Demut sowie Reflexionsvermögen verlangt, selbst (noch) so stark an der Anwendung dieser Attribute scheitern? Wie kann die katholische Lehre, die auf der einen Seite spirituelles Wachstum und Nächstenliebe beflügelt, zugleich so sehr als

Feigenblatt für die Fortführung einer auf Abwertung und Diskriminierung beruhenden Praxis gegenüber Homosexuellen, Frauen und weiteren Personengruppen dienen? Die umfassende Liebe, die wir im Wirken von Jesus Christus, im Leben der vielen Heiligen und Hunderttausender engagierter Menschen in der Kirche sehen können, findet immer noch nicht ihren entsprechenden Ausdruck in der Lehre. Diese Widersprüchlichkeiten schmerzen und sie nehmen mit jedem Tag länger der Kirche ihre Glaubwürdigkeit und Seele.

Doch hält mich das davon ab, eines Tages doch noch katholisch zu werden? Nein. Weil ich heute schon an jeder Ecke eine Kirche sehe, die queerer, feministischer und fortschrittsfreudiger ist, als sie sich selbst eingesteht. Wir müssen nur die Augen öffnen. Ich sehe Geistliche, die homosexuelle Paare segnen, Frauen, die immer mehr Räume erobern, und Millionen Gläubige in aller Welt, die längst für einen großen Fortschrittssprung in der katholischen Lehre bereit sind. Ich habe Hoffnung, dass die Kirche dahin zurückfindet, wo sie herkommt. Zurück in die Zukunft sozusagen. Sie ist aus der Liebe Gottes zu den Menschen geboren und in der Liebe der Menschen zueinander groß geworden. Liebe gibt den Takt vor, und deshalb kann und wird auch nichts anderes geschehen, als dass diese Liebe eines Tages alles und alle umschließt. Auch jene, uns, die heute noch am Rand stehen.

Während ich diese Zeilen schreibe, sitze ich auf dem Petersplatz in Rom und Blicke hinüber zum Dom. Wie die katholische Kirche selbst, ist auch er »*work in progress*«. Zwar mag Papst Julius II. im Jahr 1506 den Grundstein gelegt haben, doch bis zum heutigen Tag ist es ein lebendiges Gebäude, das sich immer wieder zu verändern weiß. Neue Kunstwerke kamen hinzu, Mosaike wurden angepasst oder jüngst warme LED-Lampen verbaut. Das hat das Gotteshaus keineswegs seiner Kraft oder Seele beraubt, im Gegenteil: Es wurde eine immer bessere Version seiner selbst. Und genau diesen »*modus operandi*« wünsche ich mir für die katholische Kirche.

Andreas Sturm (geboren 1974,
Priester und Generalvikar)

KEINE ANGST VOR VERÄNDERUNG

Ich erinnere mich noch gut an jenen Montag im März, als auf meinem Handy die Meldung aufpoppte: Die Glaubenskongregation hatte entschieden, Segensfeiern von gleichgeschlechtlichen Paaren zu verbieten. Ich war fassungslos. Mir kamen so viele Menschen in den Sinn: etwa ein lesbisches Paar, deren Kinder ich getauft hatte und die seit vielen Jahren gemeinsam durchs Leben gingen, oder ein schwuler Freund, der nach einer schweren Zeit nun in einer Beziehung mit einem Mann regelrecht wieder aufblühte.

Prägend für mich war an dieser Stelle sicher meine Ausbildung in klinischer Seelsorge in New York. Ich war damals in einem Hospiz für Aidskranke tätig. Auf Wunsch von Sterbenden versuchten wir, Familienangehörige zu kontaktieren, damit sie sich voneinander verabschieden konnten. Aber ich erlebte etliche Male Eltern, die behaupteten, kein Kind mehr zu haben und erst auf mehrmaliges Nachfragen herausrückten, dass »dieser Schwule« nicht mehr ihr Kind sei. Das waren nicht alles Katholiken, aber aus den Gesprächen wurde deutlich, dass sich alle für besonders gute Christen hielten – so blieben nur wir Seelsorgende bis zum letzten Atemzug am Bett dabei.

Es gab aber immer wieder auch schöne Erfahrungen. Dennoch habe ich mich nie als Anwalt oder gar Aktivist verstanden. Segensfeiern habe ich schon gefeiert, aber hinter verschlossenen Türen und nur für das Paar selbst. Das tat ich, weil ich es seelsorglich und pastoral für geboten hielt, und ich würde es bei jedem Paar wieder tun. Aber ich schäme mich heute dafür, Gottesdienste allein mit dem Segenspaar in der Kirche gefeiert zu haben: ohne Angehörige, ohne Familie und Freunde. Ich hatte Angst vor Ärger und Unannehmlichkeiten.

All das ging mir durch den Kopf und ließ mich zusehends unruhig werden, raubte mir den Schlaf. Ich feiere immer dienstags morgens bei einer Ordensgemeinschaft die heilige Messe, so auch an jenem Tag nach der Veröffentlichung des Schreibens der Glaubenskongregation. In der Stille nach der Kommunion war ich damals ganz erfüllt von der Gewissheit, dass ich mich nicht mehr von Ängsten leiten lassen darf. Kurz danach stellte ich einen Post mit meinen Gedanken bei Facebook ein: »(…) Ich habe Wohnungen, Autos, Fahrstühle, unzählige Rosenkränze und so weiter gesegnet und soll zwei Menschen nicht segnen können, die sich lieben? Das kann nicht Gottes Wille sein. (…)«

Es dauerte nicht lange, bis das Telefon klingelte und sich Zeitungen, Radio und Fernsehen bei mir meldeten. Die Reaktionen in den Tagen und Wochen danach waren überwältigend. Was mich am meisten berührte, waren Briefe von Eltern, die zum einen ihren katholischen Glauben leben wollten, aber gleichzeitig klar zu ihren Kindern stehen wollten, die sich zuvor geoutet hatten. Hinzu kamen Berichte von lesbischen und schwulen Menschen, die sich in der Zeit ihres Coming-outs eine Kirche gewünscht hätten, die ihre Veranlagung nicht nur »mit Würde und Achtung respektiert«, sondern die ihre Liebe zu einem Mann oder einer Frau als ein Geschenk Gottes wertschätzt. Natürlich gab es auch negative Reaktionen, die zwar sehr energisch waren, aber insgesamt kaum ins Gewicht fielen.

Die Kirche hat sich in fast 2000 Jahren immer wieder neuen Fragen und Themen gestellt. Aktuell machen wir das in Deutschland im Rahmen des Synodalen Wegs. Angst vor Veränderung darf nicht unser Leitmotiv sein, sondern Gottes befreiender Geist. Wir sollten als Kirche nicht in einer Basta-Mentalität Diskussionen unterbinden. Jeder Mensch ist ohne Ausnahme Gottes Ebenbild und möglicherweise haben wir nur noch nicht richtig verstanden, was Gottes Geist seiner Kirche durch seine geliebten Töchter und Söhne, die homosexuell sind und so lieben, mitteilen möchte.

N. N. (geboren um 2000, Student)

SCHWULENHASS IM NAMEN GOTTES IST MISSBRAUCH GOTTES

Vor einigen Tagen habe ich einen jungen Mann in meinem Alter kennengelernt – wie heutzutage üblich, über eine Dating-App. Er hatte mich schon einige Male vorher angeschrieben und immer wieder versucht, mich zu einem Date einzuladen, doch zunächst kam es nicht dazu, weil ich ihn immer wieder abgewiesen habe.

Letztendlich habe ich dann eines Abends doch zugesagt. Er kam zu mir und bereits nach einigen Minuten war es, als würden wir uns seit Jahren kennen. Wir redeten miteinander, machten Witze und hatten viel Spaß zusammen. Es fühlte sich im Herzen nach Zuhause an. Da war dieses gewisse Etwas, wenn wir uns ansahen. Wenn ich daran zurückdenke, beginnen die Schmetterlinge in meinem Bauch gleich wieder zu flattern ...

Die Zeit mit ihm zusammen war wie ein Traum, aus dem ich nicht erwachen wollte, doch zwangsläufig tat ich es irgendwann. Unsere Begegnung, ein Moment tiefsten Glücks, wurde eingeholt von irrationaler Angst: der Angst, dass es nur ein Traum war, der Angst, dass etwas daran nicht stimmt, der Angst, dass etwas endet, bevor es überhaupt richtig begonnen hat.

Diese Angst – die Angst, dass etwas nicht sein kann, weil es angeblich nicht sein darf – ist die größte Qual, die ich je verspürt habe. Es fühlt sich so an, als hätte man etwas verloren, das man noch gar nicht erlangt hat. Diese fiesen, lähmenden Gedanken verfolgen mich am Tag, im Schlaf, bei allem.

Aber wieso? Weil tief in meinem Unterbewusstsein, tief in meinem Herzen noch immer dieser Nebel wabert – ein Nebel, der jedes Mal aufsteigt, wenn jemand in mein Leben tritt, den ich wirklich mag. Über lange Zeit hinweg habe ich nämlich selbst geglaubt, dass es nicht okay wäre, schwul zu sein. Schwul zu sein, dachte ich, sei falsch, sodass ich niemals glücklich werden könnte, wenn ich mein Schwulsein ausleben würde. Die Witze, die in der Schule über Schwule erzählt wurden, die sowohl in der Gesellschaft als auch in meiner Familie fest verwurzelte Abscheu gegenüber Schwulen sowie die offizielle Haltung der Kirche zu Homosexualität haben mich geprägt.

Heute bin ich geoutet, aber innerhalb meiner Familie gelte ich immer noch als hetero. Nachdem meine Mutter herausgefunden hatte, dass ich schwul bin, musste ich ihr versprechen, dieses Geheimnis innerhalb der Familie zu wahren. Nach all den Demütigungen und Beleidigungen empfinde ich heute eher Mitleid mit meiner Mutter. Denn sie missbraucht den Glauben, wenn sie sagt, dass ich so etwas Abartiges und Krankes nicht tun dürfe und meine schwulen Gefühle stattdessen als Kreuz tragen müsse: Gott fände es abartig, wenn ein Mann mit einem Mann Sex oder gar eine Beziehung hätte.

Wieso behaupten eigentlich so viele Menschen, sie wüssten genau, was Gott will und was nicht? Wie sollen gläubige Eltern hinter ihren queeren Kindern stehen können, wenn die Kirche nicht hinter ihnen steht? Und noch viel wichtiger: Wie sollen sich junge queere Gläubige zur Kirche bekennen, wenn sich die Kirche nicht zu ihnen bekennt?

Tief in meinem Herzen glaube ich fest, dass Gott gut und gütig ist. Ich habe vielleicht nicht die Unterstützung von meiner Familie, die ich mir wünschen würde. Doch meinen Glauben an Gott lasse ich mir nicht nehmen, was auch immer war und noch kommen wird. Gott wird immer bei mir sein, er schenkt mir Kraft und Freude. Dafür bin ich dankbar.

Wie Gott wirklich ist, habe ich erlebt, als ich mit dem jungen Mann zusammen war, von dem ich zu Beginn berichtet habe: Meine Angst wurde weniger, nachdem ich um Gottes Führung gebetet hatte.

Christian Taufenbach (geboren 1966, Architekt)

ICH VERSUCHE MEINER LESBISCHEN TOCHTER MITZUGEBEN: KATHOLISCHSEIN BEFREIT

Im besten Sinne rheinisch-katholisch aufgewachsen, ist mir eine Antwort meiner Mutter tief ins Leben eingebrannt. Als ich mich über irgendeine Autoritätsperson, die mich gemaßregelt hatte, bei ihr beschwerte, sagte sie:»Egal was ein Pfarrer, ein Polizist, ein Lehrer dir auch immer sagen mag: Das Oberste ist immer dein eigenes Gewissen. Da kann dir niemand hineinreden, dem sollst und darfst du folgen.« Sie sagte das aus einer gläubigen Haltung heraus. Durch viele Jahre kirchlichen Lebens, als Ministrant, Kantor, Pfarrgemeinde- und Dekanatsratsmitglied, in Cusanuswerk und ND, begleitete mich das Bewusstsein, dass Katholischsein vor allem die Freiheit stärkt.

Die Wucht des oben zitierten Satzes wurde mir im Laufe meines Lebens immer stärker bewusst, wachsend mit den natürlich erlebten eigenen Brüchen, besonders im Scheitern meiner ersten Ehe. In der Folge von Trennung, Scheidung, Wiederheirat musste ich erleben, was es heißt, in die Kritik der vermeintlich Bessergläubigen zu geraten. Wohlgemerkt waren es eher lautstarke Menschen aus der Gemeinde als hauptamtliche Mitarbeiter*innen, die danach trachteten, mich gewissermaßen – wie treffend ist dieses Wort – zu entfernen.

Leider fand unser Pfarrer nicht die brückenbauenden Worte, die es gebraucht hätte. Aussortiert zu werden aus meiner eigenen Gemeinde, in die so unendlich viel ehrenamtliches Herzblut geflossen war, verursachte einen tiefen Schnitt, der mich heute reichlich Distanz halten lässt. Im Alpenverein kann man sich weltanschaulich frei engagieren, auch sehr schön. Dennoch: Abendfüllende Debatten mit Freund*innen über das Innerste, das Kirche und Glaubende zusammenhalten könnte, Gespräche mit unseren insgesamt sieben Kindern über den eigenen Glauben und gelegentlich tiefe Freude an liturgischen Höhepunkten, die gibt es nach wie vor. Doch ein unauslöschbares »Lasst mich in Frieden!« hält mich heute davon ab, mich noch einmal so für unsere Kirche zu engagieren, wie ich es früher gekannt hatte.

Und dann vertraute mir meine 15-jährige Tochter an, sie wäre »mindestens bi«. Nach ein paar Monaten konnte sie freier reden, heute ist sie selbstbewusst lesbisch, mit verliebten Augen und allem, was dazugehört, wenn sich ein junger Mensch selbst erkennt. Ich merkte, dass mein katholischer Kodex an diesem Punkt zwar abstrakt liberal war, aber ahnungslos. Dieses reifende Mädchen forderte mich heraus, mich zu positionieren. Die ganze Palette an Reflexen wurde angeschwemmt: »Da muss man gegen ankämpfen, dann wird das schon«, »Das ist wider die Natur« – zu obigem Satz meiner Mutter über das Gewissen passte das alles nicht.

Die Gespräche mit meiner Tochter wurden mit der Zeit lebendiger und drehen sich heute um die Frage, wie sie in einer Kirche Heimat finden kann, in der oft so unverhohlen und kaum verbrämt unter frommem Mäntelchen gegen queere Menschen agitiert wird. Mir leuchten die Wortklaubereien aus der Bibel nicht ein, die etwas als Gräuel darstellen wollen, was in der Schöpfung angelegt sei. Und ich weiß aus eigener, gescheiterter Erfahrung, dass es eben nicht nur eine Frage des Willens ist, wenn ein Mensch seinen scheinbar kirchlich korrekten Weg ändert. Ich will ihr mitgeben, was mich bis heute dialektisch in der Kirche hält: Katholischsein befreit, denn Gottes Barmherzigkeit ist unerschöpflich.

Oder mit den Worten eines befreundeten Priesters ausgedrückt, der sich als Kind lange fragte, was um Himmels willen dieses dräuende und übergriffige Auge Gottes, das man in vielen Kirchen findet, bedeuten solle: »Irgendwann wurde mir klar: Mit dem anderen Auge zwinkert Gott mir gerade zu.« Und der Mann ist Westfale!

Stefan Theierl (geboren 1978, Gesundheits-
und Krankenpfleger im Palliativbereich)

LANGE VERSTECKTE ICH MEINE SEXUELLE
IDENTITÄT UND HOFFTE AUF EIN WUNDER

Ich bin im Allgäu aufgewachsen. Meine Familie ist grundsätzlich katholisch, Kirchgänge waren jedoch eher selten. Dennoch hatte ich
schon als Kind eine starke Beziehung zur Religion und zu Gott. Meine
Spiritualität als Kind war sehr positiv, voller Liebe und Vertrauen.

Den ersten Dämpfer erhielt meine Spiritualität durch eine Tante,
die einen eher düsteren Glauben praktizierte. Sie brachte mir bei,
dass es sehr schwer sei, in den Himmel zu kommen und Gott vor
allem ein zorniger, strafender Gott sei. Ihre düsteren Bilder vom Ge-
kreuzigten auf dem Berg Golgota habe ich heute noch vor Augen.

Den Religionsunterricht führte an meiner Schule der ortsansässige
Pfarrer. Er war ein guter Geschichtenerzähler, verfolgte aber unerbitt-
lich und mit enormer psychischer Gewalt, wenn Kinder am Sonntag
nicht zum Gottesdienst erschienen. Seine Ausführungen über Gottes
Bestrafung von Verfehlungen der Menschen waren sehr plastisch, wir
hatten sogar Bilder der Hölle zum Ausmalen zur Verfügung. Bald war
meine Beziehung zu Gott nicht mehr entspannt.

Als in der Pubertät das sexuelle Erwachen kam, war es in meinem
Fall ein böses Erwachen. Bald war mir klar, dass ich homosexuell
bin, und die Konsequenzen aus katholischer Sicht kannte ich bereits.
Ich lebte über Jahre in schrecklicher Angst und Scham, versteckte
nach Kräften meine sexuelle Identität und hoffte auf ein Wunder. Ich
führte ein Doppelleben: ein erster Kuss, das Verliebtsein als Teenager,
ein Jugendflirt oder auch nur Händchenhalten mit einem Schwarm
blieben anderen vorbehalten. Dieser Konflikt wurde so groß, dass
ich als junger Erwachsener aus der Kirche austrat. Das fiel mir trotz

allem sehr schwer, denn obwohl ich mit dieser düsteren Strömung des katholischen Glaubens gebrochen hatte, blieb mir die Angst vor der Verdammnis. Dennoch hatte ich starke spirituelle Bedürfnisse. Diese erfüllte ich mit Yoga, Buddhismus und der modernen Esoterik. Es vergingen viele Jahre, in denen ich mein Bild von Gott neu aufzubauen versuchte. Unter anderem im Spiegel der verschiedenen Religionen dieser Welt.

Eine glückliche, liebevolle Beziehung blieb mir verwehrt, und mit Mitte 30 erschütterte mich eine schwere Krise und zog mir den Boden unter den Füßen weg. Dennoch oder gerade deswegen konnte ich in dieser Zeit eine starke spirituelle Erfahrung machen. Ich spürte diese alte, liebevolle und wohlwollende Beziehung zu Gott, wie damals als Kind. Eine Liebe, die ohne Bedingungen gespendet wird, ganz nah und ohne jeden Zweifel. Die Nähe Gottes war in mir vollkommen, stark und ohne Zweifel spürbar.

Ich fühlte den aufrichtigen Wunsch, wieder in die Kirche einzutreten. Diesmal ohne Angst und als der, der ich bin. Ich sprach genau dies und damit auch meine sexuelle Identität bei meinem Wiedereintrittsgespräch mit meinem Pfarrer an. Ich machte deutlich, dass ich zu mir selbst stehen werde und nichts davon jemals wieder als Sünde wahrnehmen möchte. Zu meiner Überraschung bestätigte mich dieser Pfarrer und sprach sich wertschätzend jeder Liebe gegenüber aus. Er bat mich, die Bibel immer in ihrem historischen Kontext zu lesen und Gott als den Gott der Liebe zu sehen.

Wie durch ein Wunder wandelte sich mein Leben. Ich lernte bald meinen Mann kennen, mit dem ich seitdem glücklich zusammenlebe. Wir besuchen gemeinsam den Gottesdienst und erfreuen uns einer wunderbaren, liebevollen Spiritualität, die uns durchs Leben trägt und uns täglich neu erfüllt.

Ich bin nach wie vor kritisch der katholischen Kirche gegenüber, wie könnte es auch anders sein. Für mich jedoch steht dieser liebevolle, wohlwollende Gott über dieser Kirche, deren Verfehlungen ich nicht kritiklos hinnehmen kann. Mein Glaube aber ist stärker.

Stefan Thurner (geboren 1992, Altenpfleger)

DER GLAUBE IST EIN TEIL VON MIR – GENAUSO WIE MEIN SCHWULSEIN

Der katholische Glaube und die katholische Kirche gehören von Kindheit an zu meinem Leben. Geprägt haben mich insbesondere meine Mutter, die früher in einem Kloster gearbeitet hat, und meine Großeltern mütterlicherseits, die mich häufig mit zum Gottesdienst nahmen. Nach meiner Erstkommunion wurde ich Ministrant – ein Dienst, den ich bis heute mit Begeisterung ausübe. Außerdem bin ich seit einigen Jahren Lektor.

Gerne hätte ich einen kirchlichen Beruf ergriffen. Ich hätte mir sogar vorstellen können, Theologie zu studieren und Priester zu werden. Dagegen sprach aber nicht nur das fehlende Abitur; das hätte ich schon irgendwie nachholen können. Dagegen sprach vor allem mein Schwulsein. Von der Pubertät an wusste ich, dass ich auf Männer stehe. Und ich wusste auch, dass die katholische Kirche schwule Priester ablehnt. Also musste ich wohl oder übel einsehen: Das mit einem kirchlichen Beruf würde nichts werden.

So bin ich stattdessen Altenpfleger geworden. Das ist für mich auch so etwas wie ein seelsorglicher Beruf: Ich kann hilfs- und pflegebedürftigen Menschen das Leben erleichtern, ich kann mich bemühen, ihnen das Gefühl zu geben, dass ihr Leben trotz Alter und Krankheit noch einen Sinn hat, ich kann ihnen Aufmerksamkeit und Wertschätzung schenken, ich kann ihnen zuhören, mit ihnen reden und, wenn alles gesagt ist, auch mit ihnen schweigen.

In meinem beruflichen Umfeld spielt es keine Rolle, dass ich schwul bin, in meinem kirchlichen Umfeld eigentlich auch nicht. Das ist einerseits gut, andererseits aber auch schade. Ich kann zwar mit unseren Seelsorgerinnen und Seelsorgern über alles reden, auch über mein Schwulsein, aber im Gemeindeleben kommt das Thema nicht vor. In der Gemeinde wissen wahrscheinlich die meisten Leute, dass ich schwul bin, aber so gut wie niemand spricht darüber. Das Thema wird verschwiegen und verdrängt – und damit auch ein Teil von mir.

Schuld daran ist die offizielle kirchliche Sexualmoral. Die kommt zwar im Gemeindeleben auch nicht vor, bringt es aber mit sich, dass das Thema Sexualität komplett tabuisiert wird. Die Kirche grenzt damit nicht nur einen Teil des Menschseins aus, sie grenzt auch Menschen aus – nämlich alle, die nicht so sind und leben, wie es der offiziellen kirchlichen Sexualmoral entspricht: die wiederverheirateten Geschiedenen zum Beispiel, aber auch uns Schwule.

Obwohl ich in meiner Gemeinde keine Probleme habe und mich dort so, wie ich bin, willkommen und akzeptiert fühle, würde ich mir doch wünschen, dass queeres Leben in der Kirche insgesamt sichtbarer würde. So zu tun, als gäbe es keine queeren Menschen, ist einfach nur realitätsfremd. Ich habe immer mehr den Eindruck, dass die Kirche in einer Scheinwelt lebt – und zwar sowohl der Vatikan, der nicht wahrhaben will, dass viele Menschen von Gott anders geschaffen wurden, als es dem traditionellen Bild von Sexualität, Ehe und Familie entspricht, als auch die Gemeinden vor Ort, die so tun, als gäbe es die offizielle kirchliche Sexualmoral gar nicht.

Ein Kirchenaustritt kommt für mich trotzdem nicht infrage. Ich brauche die Kirche, ich brauche die Gemeinschaft meiner Gemeinde, ich brauche die regelmäßige Eucharistiefeier. Der katholische Glaube und damit auch die katholische Kirche ist ein Teil meines Lebens, ein Teil von mir – genauso wie mein Schwulsein.

BEGEGNUNG SCHAFFT VERÄNDERUNG

Als ich eines Tages von einer Gruppe queerer Christen aus Dresden angefragt wurde, ob sie sich einmal mit mir zum Gespräch treffen könnten, war ich zunächst verunsichert. Was würden diese Menschen für Fragen und Anliegen haben? Was sollte ich ihnen antworten? Wie begegne ich ihnen? Wie gehe ich mit den Verletzungen um, die sie im Lauf ihres Lebens zweifellos davongetragen hatten? Nichtsdestotrotz sagte ich zu.

Als sie schließlich vor mir standen, stellte ich zu meiner Überraschung fest, dass ich mehrere von ihnen bereits kannte: Einen Mann, der früher eine Frau war, hatte ich erst kürzlich im Erwachsenenalter gefirmt. Mehrere andere kannte ich, zumindest vom Sehen, aus Gottesdiensten in der Dresdener Kathedrale. Und so verlief die Begegnung weit weniger befangen, als ich befürchtet hatte. Es war mir wichtig, dass sie sich im Bischofshaus willkommen fühlten. Wir hatten einen großen Tisch aufgestellt, an dem wir ihnen ein schmackhaftes Essen samt gutem Wein servierten.

Was sie mir zu sagen hatten, hat mich tief berührt. Sie berichteten von ihrem Suchen nach der eigenen Identität und von ihrem Ringen um den Glauben. Sie berichteten von ihren Ängsten und Verletzungen, aber auch von ihrer Beziehung zu Gott und zur Kirche, der sie sich trotz aller Ablehnung verbunden fühlten. Ihre Fragen und Sorgen waren echt und berechtigt und ich spürte: Ein Umdenken ist nötig! Wir müssen dringend Wege suchen, um diesen Menschen in der Mitte der Kirche Raum zu geben! Wir müssen dafür sorgen, dass sie gesehen und mit ihren Fragen und Sorgen gehört werden.

Zur selben Zeit beschäftigte ich mich intensiv mit der Enzyklika *Amoris laetitia* von Papst Franziskus. Auch dadurch wurde mir deutlich: Wir dürfen Menschen nicht länger ausgrenzen, nur weil sie anders sind und leben, als die Kirche glaubt, es ihnen vorschreiben zu können. Es ist nicht unsere Aufgabe, Menschen nach unseren Vorstellungen umzuformen, sondern sie auf ihrem Weg zu begleiten und zu integrieren.

Ein Jahr später kam es zu einer weiteren Begegnung zwischen jener Gruppe und mir. Wir wollten ein Schriftgespräch führen, für das ich den Text, um den es gehen sollte, für alle vorbereitet und mitgebracht hatte. Doch zu meiner Überraschung musste ich feststellen, dass alle Beteiligten ihre eigene Bibel dabeihatten. Diesen Bibeln war anzusehen, dass sie nicht aus der hintersten Ecke des Bücherregals hervorgeholt oder eigens gekauft worden waren, sondern dass regelmäßig in ihnen gelesen wurde. Die Ernsthaftigkeit, mit der diese Menschen sich mit der biblischen Botschaft auseinandersetzten, hat mich beinahe beschämt.

Ich bin sehr froh, dass wir in der Diözese Dresden-Meißen mittlerweile eine eigene Regenbogenpastoral haben, mit der ich einen Priester und eine Gemeindereferentin ganz offiziell betraut habe. Einmal im Monat wird in Dresden ein Queer-Gottesdienst gefeiert, den die betreffenden Personen jeweils selbst gestalten. Ich habe diesen Gottesdienst auch schon einmal gefeiert, ebenso der evangelische Landesbischof. Sehr wichtig ist mir, dass die betreffenden Personen selbst entscheiden können, welche seelsorglichen Angebote sie in Anspruch nehmen.

Was das unlängst erlassene Verbot der Segnung homosexueller Partnerschaften anbelangt, möchte ich das betreffende Dokument nicht überbewertet wissen. Es ist keine päpstliche Enzyklika, sondern bildet den Status quo ab, wie er im Katechismus der katholischen Kirche formuliert ist. Die im Dokument enthaltenen Aussagen sind zweifellos niederschmetternd, werden aber so auf Dauer nicht stehen bleiben können. Es bedarf dringend einer lehramtlichen Neubewertung queerer Identitäten und Lebensentwürfe im Licht der Vernunft und der humanwissenschaftlichen Erkenntnisse.

N. N. (geboren um 1970,
Lehrerin und Sozialarbeiterin)

DIE ERFAHRUNG VON GOTTES LIEBE BERUFT MICH ZUR LIEBE ZU MEINER FRAU

Ich lebe als Frau mit meiner Frau zusammen und bin als Lehrerin an einer katholischen Schule tätig. Dieser scheinbare Widerspruch hemmt meinen Schritt aus der Anonymität. Doch ich spüre, dass es an der Zeit ist, die Geschichten, Glaubenserfahrungen und Gewalterlebnisse gleichgeschlechtlich liebender Katholik*innen zu erzählen und so öffentlich zu machen, was uns die Kirche mit ihrer Sexualmoral zumutet.

Fast die Hälfte meines Lebens habe ich als Schwester in einem Orden verbracht und als Kinderdorfmutter gearbeitet. Mein geistlicher Weg führte nach 23 Jahren dazu, dass ich die Gemeinschaft wieder verließ. Nach dem Bekanntwerden meines neuen Weges mit Gott war ich einem demütigenden Spießrutenlauf durch einige ehemalige Mitschwestern ausgesetzt. Ein Jahr später wurde ich ohne Angabe von Gründen, vermutlich aber aufgrund meiner Homosexualität und ohne Rücksicht auf die mir bis dahin anvertrauten Kinder, auch als Kinderdorfmutter entlassen.

In der Zeit als Ordensfrau habe ich sehr viel Wertvolles erleben dürfen, für das ich unendlich dankbar bin, weil es mir die göttliche Kostbarkeit der Menschwerdung vermittelt hat. Aber es gehören in diese Zeit auch unbehandelte Berufsunfälle, arbeitszeitliche Ausbeutung und psychische Gewalt mit Demütigungen durch Vorgesetzte und Ordensangehörige. Trotz der posttraumatischen Belastungsstörungen, die diese Erfahrungen mit sich brachten, ist es mir mit der Kraft der Liebe gelungen, mein Leben in neue Bahnen zu lenken.

Mittlerweile bin ich glücklich im Schuldienst tätig und habe die Frau meines Lebens gefunden. Nachdem wir in diesem Jahr standesamtlich geheiratet und am 11. Mai an einem katholischen Segnungsgottesdienst teilgenommen haben, freuen wir uns jetzt auf unser rauschendes »Fest des Glaubens und der Liebe« in der evangelischen Kirche.

Dass ich beruflich erneut einen katholischen Träger gewählt habe, hat nichts mit Naivität zu tun, sondern mit meinem unerschütterlichen Glauben, meinem Wunsch nach einem katholischen Arbeitsumfeld und meiner festen Hoffnung auf eine Veränderung der kirchlichen Sexualmoral: Ich glaube an die Liebe Gottes, die Jesus uns vorgelebt hat und die für mich erlebbar wird in den Sakramenten, aber vor allem auch in der Begegnung mit und der Liebe zu Menschen. Ich versuche täglich neu Zeugnis dafür zu geben, dass Gott jeden Menschen gewollt hat und jeden Menschen genau so liebt, wie er ihn geschaffen hat.

Gott hat es fertiggebracht, mich sicher über die zahlreichen und gefährlichen Serpentinen meines Lebenswegs dorthin zu führen, wo ich meiner Berufung zur Liebe treu werden kann. Ich fühle mich immer noch und täglich neu von Gott berufen, sein Wirken durch mein Leben zu bezeugen. Ich habe lange mit Gott um meine Berufung zur gleichgeschlechtlichen Liebe kämpfen müssen. Dieser Weg war kein Weg der Gottesferne, sondern ein Weg, auf den ich von Gott geführt wurde und den er mit seiner liebenden Nähe begleitet hat.

Aus dieser kraftvollen Erfahrung heraus spüre ich, dass es an der Zeit ist, die Angst abzulegen und, wie ich es in der Ordensprofess versprochen habe, mit meiner Namenspatronin, der heiligen Maria Magdalena, offen zu sagen: Ich habe sie erfahren, die Liebe Gottes, die stärker ist als Hass, Diskriminierung und Ablehnung. Ich habe sie erfahren, die Liebe Gottes, die mich zur (gleichgeschlechtlichen) Liebe berufen hat. Diese Liebe ist Gott selbst!

Alexander Vogt (geboren 1969, Banker)

DEM CHRISTLICHEN MENSCHENBILD VERPFLICHTET

Geboren wurde ich im Münsterland, beide Eltern katholisch, CDU-geprägt. Allerdings war mein mütterlicher Großvater evangelisch und in der SPD. Er hatte zudem eine jüdische Mutter. Daher war meine Mutter in puncto Religion liberaler geprägt als mein Vater, der als dreijähriger schlesischer Flüchtling mit seinen Eltern nach Westfalen kam. Der liberalere Einfluss meiner Mutter, die auch katholische Religionslehrerin war, setzte sich bei meinen beiden jüngeren Schwestern und mir durch.

Meine Kirchenbindung war bis auf ein paar Jahre in der Pubertät immer recht eng. Ich war und bin Pfadfinder, saß als junger Mann im Pfarrgemeinderat, wirke heute noch bei unserer lokalen Wallfahrtstradition mit, auch wenn es mich vor 25 Jahren beruflich zunächst nach Hamburg und später nach Frankfurt am Main verschlug. Mein früher Glaube wurde auch stark durch meine ebenfalls katholische Grundschullehrerin geprägt.

Heute arbeite ich als Banker und ehrenamtlich als Bundesvorsitzender der LSU (Lesben und Schwule in der Union, also in der CDU/CSU). Und da sind wir beim Thema, denn eines Tages erhielt ich nach einem Interview mit meiner Heimatzeitung einen Brief jener ehemaligen Lehrerin, der mich überraschte und tief bewegte. Sie schilderte darin den Fall eines geliebten Onkels, der in den 50er- oder 60er-Jahren als Opfer des damals noch gültigen § 175 StGB, der männliche Homosexualität verbot, Arbeit und Ansehen verlor. In der Familie wurde nie darüber gesprochen.

Sie gratulierte mir zu meinem Engagement und bestärkte mich, darin nicht nachzulassen, weil sowohl in der Gesellschaft allgemein, aber besonders auch in unserer Kirche noch viele Vorurteile herrschten.

Mein Coming-out bei meinen Eltern, aber auch bei den Pfadfindern und damit in meiner alten Kirchengemeinde sowie die fast durchweg positive Reaktion darauf machten Mut. Mir ist bewusst, welches Glück ich hatte. Dafür bin ich dankbar. Dass man in meiner Heimatgemeinde hinter mir stand und steht, hat mir zweifellos geholfen, auch meinen Glauben an die Institution Kirche an sich zu bewahren und meine Hoffnung, dass sich auch in den übergeordneten Hierarchien Dinge einmal zum Besseren wenden. Ich bin Christ. Und Christen dürfen hoffen.

Heute blicke ich auf über 20 Jahre zurück, in denen ich aktiv in der CDU, einer Partei, die sich dem christlichen Menschenbild als Leitmotiv verschrieben hat, für Gleichstellung eintrete. Ich traf viele, die dieses Ideal, den Menschen in seiner Individualität anzunehmen, aufrichtig und ernsthaft zu leben versuchen. Aber ich traf auch manche, die nicht einmal erklären können, worin denn das christliche Menschenbild überhaupt besteht, das sie wortreich beschwören. Aber nach wie vor fühle ich mich dort politisch am wohlsten. Und ich weiß, wir haben als LSU enorm viel bewegt.

Für diesen Beitrag habe ich darüber nachgedacht, wie oft ich mit dem Thema Homosexualität in Zusammenhang mit der Kirche konfrontiert wurde. Es wurden immer mehr Begebenheiten und Begegnungen, derer ich mich erinnerte. Wieder einmal erlebte ich einen Moment der Erkenntnis, wie groß die Fähigkeit des Einzelnen, aber umso mehr einer Gruppe oder Organisation ist, Dinge zu negieren, zu verdrängen und zu unterdrücken.

Ich spüre aber zumindest in Deutschland einen Wind des Aufbruchs. Möge er nicht zu weiterer Spaltung führen, sondern zu Befreiung und Akzeptanz. Dafür bete ich oft.

N. N. (geboren um 1955, Ordenspriester)

SCHUTZRAUM UND FALLE

Soweit meine Erinnerung zurückreicht, weiß ich, dass ich Männer mag. Ein Wort, mit dem ich es hätte ausdrücken können, kannte ich lange nicht. Erst in der späten Jugend stieß ich auf Wörter wie »schwul« oder »homosexuell«. Obwohl ich zu keinem Zeitpunkt mit mir gehadert habe, klangen diese Worte lange Zeit nicht gut. Deshalb habe ich sie auch eher gemieden.

Aufgewachsen bin ich in einem ländlich geprägten Raum und gehörte selbstverständlich zu einer Clique, in der gleichaltrige Jungen und Mädchen waren – wir alle kannten uns von klein auf. Einen anderen Jungen, Jugendlichen oder Mann, der so fühlte wie ich, kannte ich nicht. Deshalb fiel das Sprechen über mich und meine Gefühle aus. Mein Versuch, meinen Eltern davon zu erzählen, scheiterte an deren Ängstlichkeit. Insofern blieb es bei diesem einen Versuch.

Irgendwann hatten die ersten in meiner Clique Freundinnen, was mich aber nicht weiter interessierte. Mir fiel nur auf, dass die Mädchen sich gern mit mir unterhielten – vielleicht, weil ich nichts weiter von ihnen wollte. Irgendwann versuchte ich es auch mit einer Freundin, was aber nicht mal ein wirklicher Versuch wurde.

Durch meine Freude am Ministrieren wuchs ich in die Kirche und ihr gottesdienstliches Leben hinein. Ich entwickelte großes Interesse und viel Ausdauer. Vertretungsdienste als Küster und Mithilfe im Pfarrbüro übernahm ich mit Begeisterung, selbst als ich eine Berufsausbildung machte.

Sowohl im Umfeld des Pfarrers als auch des jungen Vikars erlebte ich wohltuend, dass man nicht von mir erwartete, eine Freundin zu haben. Der Druck, mit einer Freundin aufwarten zu müssen, war von mir genommen. Im Umfeld der Kirche war ich auch so jemand.

Insofern fühlte es sich gut an, im Einflussbereich der Kirche zu leben. Die Schattenseiten des kirchlichen Lebens waren damals für mich nicht erkennbar. Trotzdem war die Perspektive für mich als Hauptschüler nicht rosig.

Das änderte sich erst, als ich die Möglichkeit entdeckte, in einem Kolleg für junge Männer, die möglicherweise Priester werden wollten, das Abitur nachzuholen. Eben dort entdeckte ich auch, dass es andere Männer gab, die so fühlten wie ich – und prompt verliebte ich mich. Nun lernte ich auch, über mich und meine Gefühle zu sprechen. Gehadert habe ich weder mit mir noch mit der Kirche. Es war völlig klar, dass ein Mann, der Priester werden wollte, alles Sexuelle zu meiden hatte. Das gelang nicht immer, was wiederum Schuldgefühle zu Folge hatte.

Ich entschied mich für ein Leben im Kloster. Dort lernte ich langsam, auch meine Sexualität anzunehmen, mich aus Schuldgefühlen zu befreien und durchaus dankbar dafür zu sein, dass ich schwul war. Es gab keinen Zeitpunkt, zu dem ich es nicht hätte sein wollen, obwohl ein wirkliches Ausleben meiner Sexualität für mich als Ordenspriester nicht infrage kam.

Heute weiß ich – und zwar sowohl emotional als auch theologisch – dass es richtig ist, wie ich denke und fühle, und dass es nicht anders sein soll. Heute weiß ich zudem, dass auch mein Dasein als schwuler Mann meinen Weg als Ordenspriester nicht infrage stellt.

Darin weiß ich mich mit vielen anderen Priestern und Ordensleuten verbunden und von ihnen getragen. Insofern bin ich der Kirche dankbar: Sie hat mir über Jahrzehnte einen Schutzraum gewährt, in dem ich sein durfte, wie ich schon immer war. Sie hat mich vom gesellschaftlichen Druck meiner Heimat befreit.

Allerdings empfinde ich die Kirche und meine Gemeinschaft, in der ich gerne als Ordenspriester lebe, auch als eine Art Falle: Ich kann nicht offen über mich und meine Gefühle sprechen, denn ich möchte meine Gemeinschaft schützen. Hin und wieder frage ich mich allerdings: wovor eigentlich?

Dr. Christine Waltner (geboren 1973, Lehrerin)

QUEER LEBEN IM VERTRAUEN AUF GOTT

Manches in meinem Leben habe ich mir nicht ausgesucht. Zum Beispiel wurde ich in eine sehr katholische Familie hineingeboren. Als Kind war das wunderbar, aber manchmal auch langweilig. Langweilig war es zum Beispiel, wenn wir jeden Sonntag in den Gottesdienst gegangen sind und ich nichts von der Predigt verstanden habe.

Auf der anderen Seite war es schön für mich, am Mittagstisch in einem gemeinsamen Gebet Gott für das leckere Essen zu danken oder vor dem Einschlafen von Mama einen Kuss und ein Kreuzzeichen auf die Stirn gezeichnet zu bekommen. Das gemeinsame Gebet machte mich dankbar und gab mir viel Kraft für den Alltag.

Nachdem ich in der Grundschule in der 3. und 4. Klasse Schwester Leonara als Lehrerin bekommen hatte, tauchte ich so tief in den katholischen Glauben ein, dass ich sogar kurzzeitig selbst Ordensschwester werden wollte. Ich war fasziniert und eingeschüchtert zugleich von Schwester Leonara mit ihrem festen und tiefen Glauben. Sie hat uns Kindern viel beigebracht, so zum Beispiel sämtliche Gleichnisse von Jesus und die Geschichten über ihn aus dem Neuen Testament. Sie hat es verstanden, diese Gleichnisse und Geschichten auf unser Leben zu beziehen. Die Erstkommunion hat sie zu einem faszinierenden Highlight für uns werden lassen. Und sonntags gab es in der Schulkirche Gottesdienst mit fetziger Gitarrenmusik, das machte richtig Spaß.

Aber sie hat uns auch eine Unmenge von Ideen gegeben, was wir alles beichten könnten. Allerdings war mir als Kind schon schleierhaft, dass ich als kleiner Mensch schon so viel Sünde und Schuld auf mich geladen haben sollte. Und so überlegte ich oft krampfhaft, was ich nur beichten könnte. Der Glaube war erfüllend, aber gleichzeitig auch eine Belastung.

Und so blieb es auch, als ich in meiner Jugend herausfand, dass ich mich zu Mädchen mehr hingezogen fühlte als zu Jungen. Es dauerte viele Jahre, mich mir selbst gegenüber zu meiner Homosexualität zu bekennen, sie zu leben und mich zu outen – auch deshalb, weil kein Mensch in der katholischen Kirche darüber sprach. Niemand dort und auch sonst sagte uns Jugendlichen, dass das okay sei, dass es keine Rolle spiele, wie man empfindet. Ich wurde mit meinen Empfindungen völlig alleingelassen.

In meiner Not half mir unter anderem, dass ich zu Gott betete. Und von Schwester Leonara wusste ich, dass Jesus alle Menschen liebt und niemand davon ausgeschlossen ist. Mit Gott war ich innerlich im Reinen, mit der katholischen Kirche nicht. Und das ist bis heute so.

Ich lebe in einer festen Partnerschaft mit meiner Frau Almut und habe mich noch nie wegen meiner Homosexualität ausgegrenzt gefühlt – außer in der katholischen Kirche. Umso schockierender war es für mich, als im Frühjahr 2021 die vatikanische Glaubenskongregation öffentlich kundtat, die katholische Kirche könne homosexuelle Paare nicht segnen, weil diese in Sünde lebten. Das ist für mich Ausgrenzung. Im Segnungsgottesdienst von #liebegewinnt am 9. Mai 2021 spürte ich, wie es sein könnte, wenn die katholische Kirche Homosexuelle nicht länger ausgrenzen würde. Es war ein sehr feines Gefühl, tief im Inneren, das mich erahnen ließ, wie es wäre, in der katholischen Kirche angenommen zu sein, egal wie man empfindet.

Manfred Weber (geboren 1950, Rentner)

MEIN GLAUBE GIBT MIR DIE KRAFT, MIT HIV ZU LEBEN

In meinem über 70 Jahre langen Leben ist so einiges zusammengekommen. Ich wurde in einem Dorf in der Nähe von Ulm geboren, wo ich immer noch lebe. Ich habe drei wunderbare Kinder. 1980 starb meine zweite Tochter, gerade 16 Monate alt, nachdem sie zwei Wochen im Koma gelegen hatte. Zum selben Zeitpunkt lag auch meine heutige Ex-Frau bereits seit vier Monaten in einer Klinik. Mein Glaube gab mir die Kraft zum Leben, die Kraft, nicht aufzugeben.

Das war auch 1989 der Fall, als durch Zufall festgestellt wurde, dass ich HIV-positiv war. Damals war das noch so etwas wie ein Todesurteil. Die ersten Jahre hielt ich meine Infektion geheim. Nur meine Frau, unser Hausarzt und unser Pfarrer wussten davon. Dass ich unserem Pfarrer davon erzählte, lag daran, dass der Glaube für mich schon immer sehr wichtig war.

Ohne meinen Glauben an Jesus Christus würde ich vermutlich schon lange nicht mehr leben. Ich weiß, dass er mich nie allein lässt, wie es so viele Menschen tun. Heute lebe ich immer noch – und manchmal habe ich fast das Gefühl, mich dafür entschuldigen zu müssen. Einfacher wurde mein Leben dennoch nicht.

2005 erkrankte ich an Krebs, der nach einer achtwöchigen Strahlentherapie nicht mehr nachzuweisen war, aber 2013 wiederkehrte und nicht mehr behandelt werden konnte. 2015 machte ich mich auf den Jakobsweg; 900 Kilometer legte ich zu Fuß bis Santiago de Compostela zurück. Danach kam der nächste Schlag: Der Krebs hatte Metastasen gebildet.

Aber es gibt auch Positives zu berichten. Auf dem Jakobsweg bereitete ich mich auf einen großen Schritt vor. Obwohl ich Zweifel hatte, ob ich würdig sei, durfte ich 2016 meine Oblation in der Benediktinerabtei Königsmünster im Sauerland ablegen. Das war für mich ein ganz wichtiger Schritt. In der Oblation habe ich versprochen, mich Gott hinzugeben, mich an die Abtei Königsmünster zu binden und mich zu bemühen, außerhalb des Klosters, soweit das möglich ist, nach der Regel des heiligen Benedikt zu leben.

Die Abtei Königsmünster ist seither für mich so etwas wie eine zweite Heimat geworden. Hier kann ich immer wieder herkommen und meinen Glauben noch viel intensiver leben. In diesem Glauben fühle ich mich geborgen, Jesus Christus hält seine schützende Hand über mich. Er hat sein Kreuz hinauf nach Golgota getragen, warum sollte ich mein Kreuz nicht auch tragen?

Früher hatte ich kaum Kontakte in die queere Szene, heute habe ich dort viele gute Freunde, auf die ich zählen kann. Wie kam es dazu? Nach Jahren des Versteckens ging ich mit meiner HIV-Infektion in die Öffentlichkeit. 25 Jahre lang habe ich mich in der Präventionsarbeit engagiert, habe Vorträge gehalten, habe bei Gottesdiensten für HIV-Infizierte und Aidskranke mitgewirkt und dadurch all diese wunderbaren Menschen kennengelernt.

Viele von ihnen sind aus der Kirche ausgetreten. Aber so, wie die Kirche mit ihnen umgeht, ist das kein Wunder. Ich glaube an Jesus Christus, doch mit der Amtskirche habe ich meine Probleme. Denn von der Amtskirche werden homosexuelle Menschen diskriminiert und ausgegrenzt. Sie verweigert homosexuellen Paaren den Segen. Doch warum sollte eine homosexuelle Partnerschaft in den Augen Gottes weniger wert sein als eine heterosexuelle Ehe?

N. N. (geboren um 1995, Chemikerin)

ICH FÜHLE MICH VON DER
KIRCHE IM STICH GELASSEN

Der katholische Glaube war schon seit der Geburt ein wichtiger Teil meines Lebens. Ich besuchte eine katholische Schule und war lange Zeit Ministrantin. Die Selbstverständlichkeit dazuzugehören und das Vertrauen gegenüber der Kirche begleiteten mich stets bis ins junge Erwachsenenalter.

Während meines Studiums traf ich eine Frau, die schnell zu meiner besten Freundin wurde. Bald merkte ich, dass ich sie liebte – und dass sie mich ebenfalls liebte. Bis zu diesem Zeitpunkt habe ich mir nicht viele Gedanken über meine Sexualität gemacht, weil ich es nicht relevant fand, wer wen liebt. Unsere Liebe fühlte sich richtig an und ich habe nicht geahnt, dass sie zu Problemen führen könnte.

Mir selbst fiel es leicht, mich so zu akzeptieren, wie ich bin. Bei meiner katholischen Familie aber traf mein Coming-out leider nicht auf Verständnis und Akzeptanz. Ihre auf der kirchlichen Doktrin basierte Reaktion gab mir das Gefühl, abartig und krank zu sein. Man sagte mir, dass es eine Sünde sei, als Frau eine andere Frau zu lieben. Ich konnte nicht verstehen, was an meiner Liebe falsch sein könnte. Mir wurde vorgeworfen, ich hätte kein Gewissen, und ich entwickelte immer größere Schuldgefühle, Unsicherheiten und Zweifel an mir selbst und meinen Gefühlen. Aus Angst und Verzweiflung war ich sehr kurz davor, meine glückliche Beziehung zu beenden und meine Identität zu verleugnen.

Doch gleichzeitig wuchs in mir das Gefühl der Ungerechtigkeit, von der Kirche so im Stich gelassen zu werden. Ich wurde immer mutiger und habe mich nach und nach in meinem Freundeskreis geoutet. Ich bekam ausschließlich positive Reaktionen und sehr viel

Unterstützung, sowohl von meinen gläubigen als auch von nicht-gläubigen Freund*innen.

Dieser ganze Prozess ließ mich aber nie an Gott zweifeln. Ich bin fest davon überzeugt, dass er mich so liebt, wie ich bin. Doch von der Kirche fühlte ich mich verraten; Misstrauen und Angst vor Ausgrenzung wuchsen in mir. In einem Gespräch im Rahmen der Beichte sagte ein Priester zu mir, ich müsste meine Partnerin verlassen und meine Homosexualität als Sünde anerkennen, um wieder an der Eucharistie teilnehmen zu dürfen. Das hat mich sehr tief verletzt.

Ich wünsche mir, dass die Kirche endlich anfängt, Menschen wie mir mehr Nächstenliebe zu zeigen, anstatt ihnen einzureden, sie seien minderwertig und sündhaft. So behandelt zu werden, hinterlässt tiefe Schäden und traumatisiert ein Leben lang. Natürlich weiß ich, dass nicht alle Mitglieder der Kirche diese Position vertreten, aber im Allgemeinen wird sie geduldet und nicht selten aktiv unterstützt.

Meine Hoffnung ist, wieder einer Gemeinde anzugehören, in der ich so akzeptiert werde, wie ich bin, wo ich nicht mehr krampfhaft versuchen muss, mich zu verstecken. Das wäre ein erster Schritt in die richtige Richtung. Vielleicht könnte dann mein Vertrauen in die Kirche langsam wieder wachsen.

N. N. (geboren um 1975, Bäcker)

DER HERRGOTT HAT MICH SO
GEWOLLT, WIE ICH BIN

Mit Schrecken erinnere ich mich an den Tag meiner Erstkommunion: Ich musste von morgens bis abends ein weißes Kleid anziehen! Die Mädchen, die mit mir zur Erstkommunion gingen, waren in ihren Kleidern überglücklich. Ich aber wollte das absolut nicht und wehrte mich mit aller Kraft dagegen – leider vergeblich.

Schon als Kind war ich ein kleiner Rabauke, der nicht mit Puppen spielte, sondern lieber mit Autos, der sich für Fußball begeisterte und viel zu wild mit dem Fahrrad fuhr. Immer wieder wurde ich für einen Jungen gehalten, da ich mir die Haare kurz schneiden ließ und jungenhafte Kleidung trug. Zu meinem Leidwesen haben meine Eltern das dann immer »richtiggestellt« und erklärt, dass ich ein Mädchen sei.

Als ich größer wurde, bekam ich zu Anlässen wie Geburtstag und Weihnachten von meinen Omas und Tanten alle möglichen Haushalts- und Küchenutensilien geschenkt, von denen sie meinten, dass ich sie einmal gut brauchen könnte. Sobald die Omas und Tanten wieder weg waren, habe ich die Sachen immer wütend in die Ecke geschmissen. Damit nicht jeder Geburtstag und jedes Weihnachtsfest zum familiären Albtraum wurden, haben mir meine Eltern immer Geschenke gemacht, mit denen ich etwas anfangen konnte: Spielzeugautos oder Jungenkleidung zum Beispiel.

In der Schule gab es auch Probleme. Vor allem die Fächer Hauswirtschaft und Sport waren mir zuwider. Wozu sollte ich lernen, wie man Topflappen häkelt und Kissen näht? Ich hasste den ganzen Mädchenkram. Im Sportunterricht wurden Mädchen und Jungen getrennt; ich musste natürlich zu den Mädchen. Dabei konnte ich mit rhythmischer Gymnastik und Tanz wenig anfangen. Stattdessen hätte ich mich lieber bei Volleyball und Leichtathletik ausgetobt.

Meine Pubertät fand ich sehr beklemmend; ich stand vor dem Spiegel und sah meine Brüste wachsen. Doch das war nicht ich. Als dann auch noch die Periode einsetzte, dachte ich, ich müsste mich nun damit abfinden, eine Frau zu sein. Alles andere versuchte ich zu unterdrücken. Denn das, was ich fühlte, glaubte ich, nicht sein zu dürfen. Meine Mutter sagte immer: »Der Herrgott hat gewollt, dass wir ein Mädchen bekommen.«

Dann erkrankte meine Mutter an einem Hirntumor und starb. Alles wurde für mich noch schlimmer dadurch, dass ich nun mehr als je zuvor im Haushalt mitarbeiten musste: kochen, putzen, waschen. Irgendwann hatte ich das Gefühl, an alledem zu ersticken. Ich begann eine Therapie und probierte einiges aus. Ich stellte fest, dass ich mit Männern ebenso wenig etwas anfangen konnte wie mit lesbischen Frauen. Was ich mir wünschte, war eine Familie – eine Familie, in der ich der Mann und Vater war.

2010 wurde ich auf ein Buch aufmerksam; es heißt: *Blaue Augen bleiben blau – Mein Leben*. Verfasst wurde es von Balian Buschbaum, der vor seinem Outing als Transmann Yvonne hieß und im Stabhochsprung erfolgreich war. Als ich dieses Buch gelesen hatte, war mir klar: Auch ich bin ein Mann.

Sehr geholfen hat mir dabei der mittlerweile verstorbene Altabt der Benediktinerabtei St. Bonifaz in München, Odilo Lechner. Er sagte damals zu mir: »Der Herrgott spricht zu dir wie die Stimme in einem Navigationsgerät. Wenn du auf dem falschen Weg bist, sagt sie mit immer gleicher Freundlichkeit: ›Bitte wenden!‹ Darum kannst du ganz beruhigt deinen Weg gehen: Der Herrgott ist immer bei dir!« Und genau das habe ich getan.

DANKSAGUNG DES HERAUSGEBERS

An erster Stelle habe ich den Autor*innen der einzelnen Beiträge dieses Buchs zu danken. Ich danke ihnen für ihre Offenheit, ihre Bereitschaft zur Mitarbeit und vor allem für die ebenso beeindruckenden wie berührenden Beiträge selbst. Ich danke ihnen für den Mut, den sie dabei bewiesen haben, für die unkomplizierte Zusammenarbeit und viele vertrauensvolle Gespräche.

Ich danke Sr. Philippa Rath OSB, die mit ihrem Buch *Weil Gott es so will* Maßstäbe gesetzt hat, in dem sie die Betroffenen einer doktrinellen Diskriminierung selbst zu Wort kommen ließ und dadurch viele und viel bewegt hat. Ich danke ihr, dass sie mich zu meinem Buchprojekt, das ohne ihre Inspiration nicht entstanden wäre, ermutigt und mir dazu ihren »Segen« erteilt hat.

Des Weiteren danke ich dem Verlag Herder, insbesondere dessen Cheflektor Simon Biallowons, für die interessierte wie kritische Begleitung dieses Buchprojekts sowie die ermutigend frühe Zusage, es zu veröffentlichen. Ein besonderer Dank gilt dem betreuenden Lektor, der den Weg vom Manuskript zum fertigen Buch mit viel Geduld und Sachverstand begleitet hat.

Traudi Heigl hat dankenswerterweise die Mühe des Korrekturlesens auf sich genommen. Ihr und vielen anderen aus dem Kreis meiner Freund*innen, insbesondere Christina »Hexe« Fürbaß, danke ich für allerlei nützliche Anregungen, zahllose aufmunternde Worte und viele gute Ratschläge. Und nicht zuletzt danke ich dem, dem ohnehin alles zu verdanken ist: Deo gratias!

Die Antwort der Männer auf »Weil Gott es so will«

Philippa Rath
Burkhard Hose (Hg.)

Frauen ins Amt!

Männer der Kirche
solidarisieren sich

HERDER

304 Seiten | Gebunden
ISBN 978-3-451-39253-5

Das Buch »Weil Gott es so will« hat innerhalb und außerhalb der Kirche große Aufmerksamkeit gefunden. Die große Resonanz – insbesondere auch von (Kirchen-)Männern – hat gezeigt, dass es lohnend und zukunftsweisend ist, die vielfältigen Charismen und Begabungen der Frauen ungehindert wirksam werden zu lassen. In diesem Sinn versammelt das Buch 100 persönliche Erfahrungszeugnisse von Kirchenmännern – Bischöfen, Priestern, Diakonen, Ordensleuten und Laien aus dem gesamten deutschen Sprachraum. Die vielstimmigen, erfahrungsgesättigten Texte sind eine kraftvolle Antwort auf die Zeugnisse der Frauen.

In jeder Buchhandlung!